Impressum

Auf dem Lehrpfad mit Bruno Gröning

Der Weg zum Heil

Bruno Gröning (Geber)
Anneliese Bollack (Autorin)
Theo von Hofstede (Hrsg.)

© 2017

Herstellung und Verlag:
BoD – Books on Demand, Norderstedt.

ISBN: 9783744800594

3. stark erweiterte Auflage

Inhalt

AN UNS FREUNDE

Hier, in diesem Buch, wird alles nur ganz kurz zusammengefasst, damit die Menschen, die ihn nicht kannten, verstehen:
Er war kein Wunderheiler, sondern ein ganz normaler Mensch,
der uns etwas zu sagen und zu geben hatte. Nur um auch dieses klar herauszustellen: Es ist nicht sinnlos, weiterhin unsere
Gemeinschaften zu halten, dies beweisen die Heilungen, die
bis heute geschehen, denn es ist unsere Aufgabe, das Wissen,
welches er uns gab, weiterzugeben an die Menschen die sich
noch in Not befinden.

Wir haben etwas weiterzugeben: Seine Lehre, die er uns ans
Herz und die Sinne gelegt hat. Wenn ich mit diesen Zeilen erreiche, dass Menschen, die Hilfe suchen, sich ohne Angst vor
Hokuspokus unserer Gemeinschaft nähern und sich dort weiter schulen lassen, dann sind diese Worte nicht vergebens
geschrieben.

Ihre Anneliese Bollack

Ich weiß einen Strom

(Stromlied, Textfassung)

Ich weiß einen Strom, dessen herrliche Flut fließt wunderbar stille durchs Land; Doch strahlet und glänzt er wie feurige Glut. Wem ist dieses Wasser bekannt?

O Seele, ich bitte dich: Komm! Und such´ diesen herrlichen Strom! Sein Wasser fließt frei und mächtiglich, O glaubt's, es fließet für dich!

Wohin dieser Strom sich nur immer ergießt, da jubelt und jauchzet das Herz, das nunmehr den köstlichsten Segen genießt, erlöset von Sorgen und Schmerz. O Seele…

Der Strom ist gar tief, und sein Wasser ist klar, es schmecket so lieblich und fein; Es heilet die Kranken und stärkt wunderbar, ja machet die Unreinsten rein! O Seele…

Das Wasser des Lebens, das ist diese Flut, durch Jesum ergießet sie sich, Sein kostbares, teures und heiliges Blut, O Sünder, vergoss Er für dich! O Seele…

Wen dürstet, der komme und trinke sich satt! So rufet der Geist und die Braut. Nur wer in dem Strome gewaschen sich hat, das Angesicht Gottes einst schaut. O Seele…

Aus dem Englischen von E. Gebhardt.
Reichs-Lieder. Ev. Verl. Neumünster/Hol.

Meine erste Begegnung mit Bruno Gröning

Seit 1945 habe ich unter wahnsinnigen Kopfschmerzen zu leiden gehabt. Von da an hatte ich keinen freien Kopf mehr. Es war, als hätte ich ständig ein schweres Gewicht auf ihm zu tragen. An diesen ständigen Druck hatte ich mich gewöhnt, aber in gewissen Zeitabständen waren die Kopfschmerzen nicht mehr auszuhalten. Die Schmerzen waren, als würde in meinem Kopf ein Gewitter hausen.

Da die Zeitabstände zwischen den Schmerzanfällen immer kürzer wurden, ging ich zu unserem Hausarzt. Der Arzt sagte mir, ich hätte einen verstockten Schnupfen und bekäme immer diese Schmerzen, wenn ich erkältet sei. Auf den Hinweis, dass es Sommer sei und ich gerne zu einem Facharzt möchte, sagte er mir, ich solle seine Anweisungen befolgen.

Daraufhin wartete ich, bis ich von der Krankenkasse einen neuen Arztschein bekam und ging dann zum Nervenarzt Dr. Beck. Dieser untersuchte mich und schickte mich dann zu einem Augenarzt. In der nächsten Sprechstunde bekam ich dann von Herrn Dr. Beck den Bescheid, dass ich auf dem schnellstens Wege nach Heidelberg in die Neurologische Klinik müsste. Auf meine Weigerung, ins Krankenhaus zu gehen, erklärte mir Dr. Beck, dass ich sonst erblinden würde. Er sagte, ich müsste sofort gehen, denn ich könnte jeden Augenblick mein Augenlicht verlieren. Ich lag dann sechs Wochen in der Neurologischen Klinik. Ich machte eine Quecksilberkur und wurde laufend von drei Universitätskliniken untersucht, wurde geröntgt und bekam ein EKG gemacht. Mir wurde nie gesagt an welcher Krankheit ich leiden würde.

Nach sechs Wochen Aufenthalt in der Klinik habe ich aus den Gesprächen der Augenärzte herausgehört, dass meine Augen wieder schlechter geworden seien. Daraufhin wollte ich wieder nach Hause. Nun sagte mir der Arzt, dass ich mein Augenlicht verlieren würde, wenn ich nach Hause ginge. Ich erklärte ihm, dass ich das schon vor meiner Einlieferung in die Klinik gewusst hätte und trotzdem nach Hause wolle.

An diesem Tag sprach Herr Dr. Österreich mit meinem Mann. Er sagte ihm, dass ich nicht nur mein Augenlicht verlieren könne, sondern es bestünde die Möglichkeit, dass ich gelähmt würde und auch Sprache und Gehör verlöre. Da mein Mann darauf bestand, den Grund hierfür zu erfahren, sagt man ihm, dass man einen Gehirntumor[2] vermute und es besser für mich wäre , wenn ich in die Chirurgische Klinik ginge, da man nur dort die genaue Lage eines eventuellen Tumors feststellen könne. Mein Mann bat mich, in die Chirurgische Klinik zu gehen. Ich war einverstanden und wurde nach zwei Tagen nach dort überwiesen. Abends teilte man mir mit, dass ich zur Ventrikelgraphie müsse. Am nächsten Tag bekam ich diesen operativen Eingriff gemacht, der als Untersuchungsmethode gilt. Zunächst war ich für drei Tage voll erblindet. Danach sah ich einen leichten Schimmer und nach neun Tagen war alles wieder in Ordnung.

Man teilte mir nun mit, ich hätte einen Tumor im Großhirn und würde nach zwei Tagen operiert. Einen Tag vor der Operation sagte man mir, dass man nochmals eine Voruntersuchung machen wolle. Ich bekam am nächsten Tag eine Enzephalographie ge-

---

2: Zur damaligen Zeit führte ein vermuteter Tumor zu einem reinen Rätselraten. Umfang und Lage waren nur zu erahnen. Die Überlebenschance war gering.

macht und konnte fast drei Tage meine Arme nicht gebrauchen. An Essen und Waschen war nicht zu denken. Eine Mitpatientin half über die Runden zu kommen. Ich sagte es dem Oberarzt Dr. Clar, der diese Untersuchung an mir gemacht hatte und bekam zur Antwort, das dies schon 1000 mal gemacht wurde und noch nie etwas passiert sei. Der Stationsarzt erklärte mir, da sei ein Nerv etwas verletzt und es ginge wieder vorbei. Am 4.Tag war es dann wieder gut.

Als Ergebnis dieser Untersuchung wurde mir mitgeteilt, ich hätte keinen Tumor und dürfe wahrscheinlich bald nach Hause.

Zwei Tage später sagte man mir, ich hätte doch einen Tumor, diesmal im Kleinhirn, und würde nächste Woche operiert. Nun wehrte ich mich mit Händen und Füßen und wollte mich nicht mehr operieren lassen. Einen Arzt, der mich besuchen kam, habe ich um Auskunft gebeten. Er sagte, das man genau wissen müsse, wo der Tumor sitzt bevor man sich an eine Operation heranwagen könne. Als ich ihn fragte, ob ich nach einer Operation wieder vollkommen gesund würde, sagte er: „Natürlich." Als ich ihn aber fragte, ob ich nach einer solchen Operation nicht verrückt werden könnte und sagte lieber blind als verrückt zu sein und zudem jeden verfluchen würde der mir solches antäte, sagte er: „Sprechen Sie - wie mit mir - so auch mit Ihrem behandelnden Arzt."

Dies tat ich. Herr Dr. Malesko erklärte mir daraufhin, dass sie mich nicht operieren wollten, da sie „nicht wüssten was und wo". Aber die Augenklinik würde nach jeder Untersuchung auf eine Operation drängen. Ich wurde mit Stauungskapillare eingeliefert. Bei der Einlieferung waren es rechts 3, links 2. In der

Chirurgie hatte ich 6. Herr Dr. Malesko sagte: „Wären Sie meine Mutter oder meine Frau, so dürften Sie mit diesen fortgeschrittenen Stauungskapillaren nicht nach Hause." Ich erklärte dem Arzt, dass ich vielleicht doch nichts habe, oder vielleicht nur eine Hirnhautentzündung. Er sagte: „Was es ist, wissen wir bis heute nicht. Es kann eine Hirnhautentzündung sein oder ein Tumor. Irgend etwas ist in Ihrem Kopfe das auf den Sehnerv drückt."

Ich sollte mir eine Arteriographie machen lassen, dann könnte er mir vielleicht sagen, was ich hätte. So ließ ich auch dies noch über mich ergehen. Bei mir wurde eine offene Arteriographie gemacht. Es war grauenhaft. Ich habe gebetet wie noch nie in meinem Leben. Für mich gab es nur noch eins: Raus aus dem Krankenhaus, nichts wie heim! Diesmal bekam ich keinen Bescheid. Es wurde mir gesagt, der Befund sei noch nicht ausgearbeitet. Ich wurde nochmals in die Ohren- und Nasenklinik und zur Blutabnahme geschickt. Als Letztes musste ich nochmals in die Augenklinik. Nun hatte ich rechts eine Stauungspapillare von 4 links 3.

Abends bat ich Dr. Clar, mich nach Hause zu lassen. In meinem Zimmer lagen vier Frauen, die geistig umnachtet waren. Nur eine Frau außer mir war normal. Er sagte: „Gut, Sie können heim." Morgens, vor meiner Entlassung sagte mir Dr. Malesko: „Sollte sich irgendeine Veränderung zeigen, dann kommen Sie, wir machen immer ein Bett frei. Sollten Sie erblinden, so müssen Sie innerhalb einer Stunde operiert werden. Kommen Sie später, so kann Ihnen kein Mensch mehr ihr volles Augenlicht zurückgeben." Zuhause merkte ich erst, wie krank ich war. Konnte ich vor meiner Einlieferung ins Krankenhaus noch voll arbeiten, so war ich jetzt zu keiner Arbeit mehr fähig. Kopfschmerzen hatte ich ohne Unterbrechung. Mit der Faust auf der Stirn musste ich schlafen, da mir jede Berührung mit meinem Kopf weh tat. Einschlafen konnte ich oft stundenlang nicht vor Ohrenpfeifen und Ohrensausen. Wenn ich mich bücken musste, um etwas aufzuheben, sah ich nichts mehr, wenn ich wieder hoch kam. So blieb vielleicht 15 bis 20 mal am Tage das Augenlicht weg, und ich hatte immer die Angst, kommt es wieder oder muss ich schnell fort. Nachts hatte ich keine Ruhe mehr zum Schlafen. Immer riss ich die Augen auf, um festzustellen, ob ich noch sah. Ich hatte immer Angst, die Stunde, die entscheidend sein könnte, zu verschlafen. Wer solches erlebt, dem kann kein Mensch helfen, nur GOTT.

Ich war fertig. Weil ich nicht fähig war, irgendeine Arbeit zu verrichten, lebten wir bei meinen Schwiegereltern. Bevor ich in das Krankenhaus ging, war ich voll berufstätig bis zum letzten Tag und habe meinen Haushalt gemacht. Nun konnte ich nichts mehr arbeiten. Ohne Begleitung meines Mannes hatte ich Angst, wenn mehr als sechs Personen um mich waren. Mein Mann müsste mir oft gut zureden, weil ich selbst manchmal an meinem Verstand zweifelte. Jeden Tag wurde es schlechter. Da sagte ich zu meiner Schwiegermutter: „Nach Neujahr gehe ich freiwillig zu einem Hirnspezialisten und lasse mich operieren." Ich wusste, es musste eine Änderung geben, denn so war es nichts.

Da hörte ich, dass Bruno Gröning nach Mannheim käme. Ich wollte es nicht glauben, denn ich hatte selbst vor Jahren in einer Zeitschrift gelesen, dass er Selbstmord begangen hätte. Trotz dieser Zeitungsmeldung erschien Bruno Gröning auf einer Weihnachtsfeier 1955. Ich war in Begleitung meines Mannes dort, der nicht an Bruno Gröning glaubte und vermutete, man würde mich hypnotisieren oder sonst einen Unfug mit mir treiben und mir Schaden zufügen. Er sagte mir, bei der kleinsten Veränderung, die er an mir wahrnehmen würde, müsste ich wieder nach Hause gehen. Ich erklärte mich damit einverstanden, denn ich hatte volles Vertrauen zu Herrn Gröning. Auch wusste ich, dass für mich dort keine Gefahr war, sondern ich dort Hilfe finden würde. Mir hatte niemand etwas über Herrn Gröning gesagt. Ich hatte nur ein Heft gelesen über den Heilstrom Bruno Grönings. Daher wusste ich, dass man mit mir keinen Hokuspokus treiben würde. Auch wusste ich, dass nicht Bruno Gröning mich heilt, sondern GOTT. Ich wusste aber auch, dass ich Bruno Gröning brauchte, nötiger als sonst etwas. Ich brauchte seine Kraft zum Glauben. Ich brauchte seinen Glauben an meine Gesundheit. Im Krankenhaus hatte ich die Kraft zum Glauben. Dort war ich abgeschirmt und wollte gesund werden. Ich hatte es felsenfest geglaubt, und es wurde besser. Zu Hause wurde es von Tag zu Tag schlechter, weil ich keine Kraft mehr hatte. Mich hatte mein ganzer Mut verlassen, nachdem ich sah, wie elend ich war, und die Verzweiflung und Angst schüttelten mich. Diese Angst war schlimmer als alles vorher Erlebte. Sie fraß mich auf, und ich hatte keine Kraft, mich zu wehren.

Ich kam nicht zu Herrn Gröning, um durch ein Wunder meine Gesundheit zu erlangen, sondern ging zu ihm, dass er mir die Kraft zum Glauben gäbe. Kraft für meinen Glauben an Gott und Kraft für meinen Glauben an die Gesundheit, dass er für mich glaube, sollten mich die Angst und die Verzweiflung schütteln, denn ich war zu schwach dazu.

Es war eine einfache Weihnachtsfeier, und Herr Gröning hat über das gesprochen, was der Sinn der Weihnachtsfeier ist. Er tat dies mit klaren, leicht verständlichen Worten. Er machte keinen Hokuspokus und benahm sich auch nicht wie ein Scharlatan. Er benahm sich wie jeder normale gläubige Mensch auf einer Weihnachtsfeier. Trotzdem ist er nicht wie andere Menschen, er unterscheidet sich schon dadurch von anderen Menschen, dass er nicht von „Hoffen" spricht, sondern von „Glauben". Menschen sagen: „Hoffen wir, dass alles gut wird!" Bruno Gröning sagt: „Glauben Sie, dass alles gut wird, und ich glaube mit Ihnen!"

Obwohl ich mit Herrn Gröning kein Wort sprach, hatte ich den festen Glauben, dass ich gesund werden würde und wusste, dass er mir die Kraft gegeben hatte, die Kraft, an Gott zu glauben. Ich hatte kein Wunder erwartet und doch war eins an mir geschehen, wenn ich es auch nicht sofort wusste. - Aber damals wurde das Samenkorn für meine Gesundheit gelegt.- Ich wusste, es liegt nur an meinem Verhalten, ob ich sie erlange oder nicht. Eine Frau wollte nach dem offiziellen Teil Herrn Gröning ihr Leiden erzählen. Er wollte dies nicht wissen, und es sei auch nicht nötig, dass er es wisse. Die Menschen sollten glauben und die Ordnung erlangen, alles andere käme von selbst. Nach dieser Weihnachtsfeier sah ich Herrn Gröning 5 Monate nicht. Ich habe auf der Weihnachtsfeier von Herrn Gröning nur ein Bild von ihm erhalten, jedoch keine Kugel oder sonst etwas. Aber ich war nach der Feier schmerzfrei und konnte meinen Kopf wieder richtig ins Bett legen.

Gottes Wille ist bestimmt. Gott will, dass dem Menschen geholfen wird, so er erkannt hat, dass das Böse ihn herabgewürdigt. Diese Erkenntnis von einem Einzelmenschen ist das größte Gut. Das ist mehr als alles andere Irdische. Erkenntnis ist der beste Weg zur Besserung.

Das war mein erster Erfolg. Ich ging nun zum damaligen Gröning-Bund und besuchte die Zusammenkünfte. Ohne dass es in mein Bewusstsein drang, wurde es von Tag zu Tag besser mit mir. Eines Tages merkte ich, dass ich kein Piepsen und Sausen mehr im Ohr hatte, und so machte ich immer weitere Fortschritte. Bis ich nach den fünf Monaten Herrn Gröning zum zweiten Mal sah, war ich soweit, dass ich, wenn auch mit Müh' und Not, meinen Haushalt versorgen konnte. Auch stand ich bis zu dieser Zeit immer noch unter Kontrolle von drei Universitätskliniken. Auch jene stellten eine leichte Besserung fest. Nach der zweiten persönlichen Begegnung mit Herrn Gröning konnte ich meinen Haushalt spielend erledigen. Nach zwei weiteren Monaten sah ich Bruno Gröning ein drittes Mal, und da wusste ich, dass ich es geschafft hatte.

Ich ging zum Arzt und sagte ihm, dass ich nun wieder arbeitsfähig sei. Er sagte, das käme gar nicht in Frage, da es ja noch nicht mal ein Jahr her sei. Ich suchte den Arzt nicht mehr auf. Ich wusste, dass ich gesund war und arbeiten konnte, das genügte mir. Ich nahm ein 3 Wochen altes Kind in Pflege und versorgte es, dazu meine Familie und noch zwei Personen mit Waschen und allem was dazugehört. Ich brauchte keine ärztliche Kontrolle mehr, denn ich bin dank Bruno Gröning wieder ein vollwertiger Mensch und kein Invalide mehr, zu welchem man mich schon mit 29 Jahren schreiben wollte.

Diese Angaben sind alle nachzuprüfen. Ich bin auch gerne bereit, alles zu beweisen. Dies alles schreibe ich ohne Aufforderung eine Gruppierung/Gemeinschaft oder sonst einer Person.

Worte Grönings die mir im Zusammenhang mit meiner Heilung ins Bewusstsein drängten:

- DANKEN SIE GOTT UND NICHT MIR.

- Mein Tun und Wirken dient lediglich nur dazu, alle Menschen dieser Erde wieder auf den echten Weg, auf den Göttlichen Weg zu führen.

- Das ist DIE GROSSE UMKEHR.

Es soll mein Dank sein an meinen Freund Bruno Gröning, half er mir doch aus tiefster Not. Deshalb trete ich auch voll und ganz für ihn ein, mit allem, was ich habe, wie es sich für einen Freund gehört. Ich habe bis zum heutigen Tage noch nicht mit Herrn Gröning über meine Krankheit gesprochen, denn er will es nicht. Ich hätte auch nie das Leiden niedergeschrieben, würde man ihn nicht wieder anfeinden. Darum soll man auch diese Menschen anhören, denen er geholfen hat und denen er noch weiter hilft. Ich kann nur nochmals sagen, dass ich Bruno Gröning zu verdanken habe, was ich heute bin.

Bruno sagte: Er selbst sei nicht wichtig, sondern: „Der Glaube an Gott" Ich weiß, das stimmt. Für mich war Bruno Gröning sehr wichtig; mir war er Wegweiser und Führer. Meine Mutter hatte mir sehr abgeraten, zu der Weihnachtsfeier von Herrn Gröning zu gehen. Durch meinen Erfolg wurde sie selbst überzeugt und besucht heute ebenfalls eine Gemeinschaft.

Ich bin jederzeit bereit zur Untersuchung meiner STP und mich Fachärzten zur Verfügung zu stellen, denn ich weiß, dass ich gesund bin. Dafür kann ich Bruno Gröning nicht oft genug danken. Ich weiß nicht und will es auch nicht wissen, was ich ohne ihn wäre. Von Dank will Bruno nichts wissen, stattdessen sagt er: „Gesundheit lässt sich nicht kaufen, sie ist ein Geschenk Gottes! Wer das hohe Glück hatte, seine Gesundheit durch mich wiederzuerlangen, der danke Gott jederzeit aus tiefstem Herzen, ich bin nur sein Werkzeug und Diener.“

Das Reden an und für sich nutzt gar nichts, wenn der Mensch das Gesprochene nicht beherzigt, wie er es empfindet. Und ich selbst gebe als Gemeinschaftsleiterin es nie so, wie ein Mensch es will, sondern ich gebe es so, wie ich es in meinen Herzen empfange. Ich kann da nichts ändern und ändere auch nichts. Wer wirklich folgt, der wird überzeugt.

Erlebnisse mit dem Erfolgsbericht

„Das geht jedem so."

Als ich die Heilung hatte, habe ich gedacht: So, jetzt gehe ich hin und bedanke mich bei Herrn Gröning. Ich bedankte mich bei ihm, und er sagte zu mir, was man ja gesagt bekommt: „Man soll von der Belastung nicht sprechen." Ich bin daher vor, habe ihm die Hand gegeben und gesagt: „Herr Gröning, ich bin gesund und möchte mich bei Ihnen herzlich bedanken." - Daraufhin nimmt er meine Hand und sagt: „Seien Sie so gut und schreiben Sie auf, was Sie gesagt haben, als Bericht fürs Gericht!". Das war damals, als die Zeit der Prozesse war. Ich bin hinausgegangen und war ganz durcheinander. Ich dachte: Das kann ich doch nicht machen! Acht Monate lang habe ich gehört, ich solle nicht darüber sprechen, und jetzt soll ich's auch noch schreiben! Es war einfach irgendwie noch zu frisch. Und dann dachte ich: Verdienen tut er's! Ich habe einmal gesagt: Ich würde alles tun, wenn mir einer helfen würde.

Und kam folgende Wort aus seiner Lehre wieder in mir hoch: „Das Gute kann man nur mit Taten beweisen! Lasst Taten sprechen. Er, der Mensch, muss sich Gott nähern, er muss den Weg gehen, den Christus uns an - und auch aufgezeigt hat. Wir müssen Ihm folgen, der Mensch muss alles dazu tun. Tun heißt: Zur Tat übergehen!"

Und nun dieser erste Wunsch! Den konnte ich jetzt doch nicht abschlagen! Aber es hat mich einige Tage des Kampfes gekostet. Damals habe ich den Christus auf den Boden gestellt und die Mutter Gottes dazu. Heute würde ich das nicht mehr brauchen, aber damals! - Ich habe praktisch einen Kreis aus lauter guten Sachen gebildet. Etwa so: Ich sitze in dem Kreis, und ich schreibe, aber ich will's nicht mehr! Deshalb verstehe ich Sie auch. Man hat gelehrt: Sprich nicht über die Belastungen, vergiss es! Es ist so wichtig! Ich habe meinen Heilungsbericht Herrn Gröning gegeben. Er wurde tatsächlich bei Gericht eingereicht und danach ging es mir gut.

Nach 2-3 Monaten habe ich zu meiner Gemeinschaftsleiterin (Doris) gesagt: „Ich habe jetzt so viel Strom, viel mehr als früher." Da hat sie gesagt: „Das wundert mich nicht. In jeder Gemeinschaft hat Bruno Gröning Deinen Bericht vorgelesen." (Doris war mit Bruno auf Vortragsreise gewesen). Also war ich praktisch auf der ganzen Vortragsreise mit. Man muss diese Aufgaben erfüllen, um damit die Angst zu verlieren.

Halten Sie sich nie im Kreise ungläubiger Menschen auf, denn das hindert Ihren Heilungsprozess!

Der Körper ist unser Werkzeug, wie wir im Ganzen gesehen alle nur ein Werkzeug Gottes sind.

Erinnerungen

In einer Gemeinschaftsstunde in Mannheim hat Bruno Gröning einmal gesagt: „Wenn die Menschen wüssten, was für Kräfte im Geistigen liegen und welche Reichtümer da brach und unnütz liegen, würden sie sich eilen, um mehr darüber zu erfahren. Aber sie wissen es nicht mehr. Sie erfinden neue Apparate und kommen so auf Umwegen dahin, was sie allein durch geistige Kräfte erreichen können." Sinngemäß war dies der der wesentlich Inhalt eines beeindruckenden Vortrages.

Oft dachte ich schon im Laufe der Jahre an diesen Abend zurück, immer wenn ich sehen durfte, was Menschen allein durch ihre geistige Einstellung erreicht haben. Ja, wie recht Bruno Gröning doch hatte, kann man es jeden Tag erkennen und erleben: Folgt ein Mensch seinem Ruf zur UMKEHR, so spürt er doch täglich, wie er sich weiterentwickelt und wächst. Zuerst wendet er sich wieder voll Vertrauen Gott zu. Dies waren immer die ersten Worte, welche einem Bruno Gröning mit auf den Weg gab:

„Glauben und vertrauen Sie!"

Lernt der Mensch die Gedanken an den Alltag oder das Alltägliche abzuschalten, so fühlt er die Kraft Gottes in sich einströmen. Je mehr er sich damit beschäftigt, um so mehr bekommt er. Auch jener, der es noch nicht fühlt, empfängt die Göttliche Kraft, sie wirkt von dem Augenblick an, wo er sich voller Vertrauen Gott zuwendet.

Das Wunderbare, das man auf diesem Weg erlebt, ist die Erfahrung, dass Gott besser weiß als wir, was wir nötig haben.

Manchmal braucht man Jahre, um zu erkennen: Bei diesem Menschen hat die Kraft so wirken müssen und gar nicht anders. In jahrelanger Gemeinschaftsarbeit habe ich vieles erkennen und erleben dürfen. Die einen kamen und fanden sofort das Heil. Bei anderen sah man in dieser Richtung gar keinen Fortschritt, bis man es erkannte, dass sich jedoch in seiner persönlichen Umgebung plötzlich alles zum Guten gewendet hatte.

Es herrschten ganz andere Verhältnisse, u.a. viel mehr Ruhe und auch Verständnis, und dann setzte auch die Heilung ein. So durfte ich auch erkennen und erfahren, dass jedes Menschenkind eine einmalige Persönlichkeit ist, auch sein einmaliges Schicksal hat und dazu noch seine ganz eigenen Erkenntnisse und Belehrungen erhält, aber trotzdem viel Gemeinsamkeiten mit anderen hat.

So ist es schon wichtig, die Erlebnisse mit anderen zu teilen oder aufzuschreiben. Beim lesen oder hören erkennt ein Menschenkind: „Dies trifft auch auf mich zu." So haben viele einen Weg aus seiner üblen Situation herausgefunden und sagen zu sich selbst: „Ich werde dieses auch so machen!"

Bruno Gröning hat uns immer wieder in den Gemeinschaftsstunden aufgefordert, ehrlich zu sein.

Seine Worte: „Sind Sie ehrlich zu sich selbst. Sie brauchen es nicht zu mir sein oder sonst einem Menschen, aber sind Sie bitte ehrlich zu sich selbst. Gott können Sie nicht belügen! Also bitte, sind Sie ehrlich zu sich selbst."

Denke ich daran zurück, habe ich noch den Klang im Ohr. Es klang richtig beschwörend. Es war ihm sehr wichtig, dass wir dies begriffen; dieses „Ehrlichsein" zu sich selbst. Ich habe nach meiner Heilung sehr auf seine Worte geachtet, und wenn ich etwas begriffen hatte, habe ich sofort danach gehandelt.

Ich fühlte mich immer angesprochen, wenn er z.B. sagte: „So tun Sie es doch endlich!"

Viele Freunde in der Mannheimer Gemeinschaft haben zu mir gesagt: Sie begreifen es leicht, Sie haben Glück!" Sicher habe ich Glück, das brauchen wir alle. Aber dass ich so viel Erfolg habe, liegt nach meiner Ansicht auch daran, dass ich immer die Belehrungen von Bruno Gröning in die Tat umgesetzt habe. Man kann allein durch Glück Erfolg haben, aber auf die Dauer hat nur der Erfolg, der auch etwas leistet, der arbeitet. Wieviel Arbeit und Mühe hatte ich, die Worte von Bruno Gröning: „Sind Sie ehrlich zu sich selbst" in die Tat umzusetzen. Ich ging zurück und forschte: Was und wo sind deine Fehler?. Ich fand mich ganz in Ordnung. So fragte ich meine Freunde. Jene fanden schon vieles an mir. Erst recht meine Feinde! Daran darf ich gar nicht denken. Nun hatte ich Material genug. Ich legte mich still hin und überdachte alles. Ich konnte nicht alles erkennen, was mir als Fehler gezeigt wurde. Aber es war vieles dabei, was ich als meine Schuld oder meinen Fehler erkennen konnte. Gott führte mich auch wunderbar. Nur ein Beispiel:

Ich traf eine Frau, mit welcher ich zusammen gearbeitet hatte. Auf einmal sagte sie: „Weißt Du noch, Deinen Augen ist kein Fehler entgangen?" Sie wusste nicht, dass ich eine Zeitlang gar nichts gesehen hatte. Aber bei mir hat es geklingelt. Die Gedanken kamen: „Bei anderen ist dir kein Fehler entgangen. Deine eigenen hast du nicht gefunden. Wie schön die Welt ist, hast du erst gesehen, nachdem ich dich gar nichts mehr sehen ließ. Nun suche das Gute in den Menschen und nicht ihre Fehler."

Das alles war Arbeit und nicht immer leicht. Natürlich hatte ich Glück dabei. Das Glück, Bruno zu kennen, das Glück, durch ihn zu wissen, wie ich die Kraft zum Tun bekomme.

Jeder Mensch, der auf Dauer Erfolg haben will, muss sich daran machen, seine Worte in die Tat umzusetzen. Man lernt vieles mit den Jahren und sieht vieles. So habe ich gelernt, dass alle, die an sich arbeiten und ehrlich zu sich selbst sind, Erfolg haben und behalten. Ich habe viele Menschen kennengelernt, die Erfolg hatten, aber ihn nicht halten konnten. Sie haben ihre Heilung erhalten und verloren. Bruno Gröning hat uns dies einmal in einem Vortrag erklärt. Sinngemäß sagte er:

Spontanheilungen sind wie ein Vorschuss. Wie wenn ein Arbeiter eine neue Stelle antritt, und der Chef gibt ihm einen Vorschuss für Wohnung und Essen. Bis er das erste Geld bekommt, verwendet er das Geld für das, wofür er es bekommen hat, alles ist gut. Verjubelt er es aber in einer Nacht, ist er schlimmer dran als vorher. Dann hat er wieder nichts, keine Arbeit, keine Unterkunft und dazu noch die Schulden für den Vorschuss. Spontanheilungen kann man genauso sehen. Der Mensch bekommt Kraft, fühlt sich gesund. Nun soll er an sich arbeiten, damit er die Gesundheit auch behalten kann. Bleibt ein Mensch in der Gemeinschaft und arbeitet an sich, so bleibt ihm auch der Erfolg, den er hat, und er wird immer mehr bekommen, wie auch der Arbeiter immer mehr Lohn erhalten hätte, wenn er die Arbeit aufgenommen hätte. Nimmt aber einer die Heilung an und denkt, so, ich habe, was ich wollte und geht weiter wie bisher, so wird er bald alles wieder verloren haben und wird noch schlimmer dran sein. Dann wird er sagen: „Ach was, da war ich auch mal eine Zeitlang. Ich habe geglaubt, es hätte geholfen, aber dann war alles vorbei."

Das war der Inhalt einer seiner Vorträge in Mannheim. Ich habe sehr oft und sehr lange über diese Vorträge von Bruno Gröning nachgedacht. Ich grübelte: Werde ich gesund bleiben, wenn ich in der Gemeinschaft bleibe? Tue ich es nicht, nimmt es mir dann Bruno oder Gott wieder weg? Das wäre doch nicht recht! Wieder nehmen ist schlimmer als gestohlen, heißt es doch. So gingen meine Gedanken, bis Gott mich erkennen ließ: Nein, diese kriegen es nicht genommen, sondern sie verlieren es selbst. Wie ein Kind Bonbons in eine Tasche mit Löchern packt und sie wieder verliert, so verlieren diese armen Mitmenschen wieder ihr Heil.

Nach Jahren habe ich erkannt, ich hätte meine Heilung auch wieder verloren, wenn ich nicht auf dem Weg und in der Gemeinschaft geblieben wäre. Die Löcher in meiner Tasche waren mein Charakter und in meinem Verhalten. So wie ich mich geändert habe und noch ändere, so tut es jeder, der auf Dauer Erfolg hat.

Die natürlichen Kräfte dringen nur dann in den Körper ein, wenn der Mensch die Ruhe bewahrt, die hierzu das Notwendigste ist; einmal und zum anderen er ja wissen muss, was sein Körper anstelle der Unordnung nötig hat.

25 Jahre Wirken auch in Mannheim! Ein Vierteljahrhundert

durch Bruno Gröning in Göttlicher Führung leben! Hilfe erhalten in großen Dingen und auch in den kleinsten Angelegenheiten des Lebens. Man kann dies gar nicht alles beschreiben, nur sagen: „Herr, Deine Wege sind wunderbar, und ich danke Dir! Vor allem hab' Dank, dass ich dem Menschen Bruno Gröning begegnen durfte und er mein Lehrmeister wurde."

Alle, die diesen Weg gehen, werden verstehen, was ich damit meine; den anderen ist es schwer zu erklären. Es ist vielleicht ähnlich wie mit Farbbildern und Schwarz-Weiß-Bildern. In Farbe sieht man mehr, empfindet mehr, und es ist natürlicher. In schwarz-weiß ist genauso viel drauf, man sieht dasselbe, und doch ist zwischen beiden ein weiter Unterschied, ein anderes Erlebnisbild. Ich wollte dies einmal einer Freundin erklären, es ist mir aber nicht gelungen. Sie sagte immer: „Ich habe das Kleid gesehen, ich hab alles gesehen wie Du auch!". Als ich aufgeben musste, weil ich erkannte, sie nicht überzeugen zu können, da dachte ich: Jetzt geht es dir genauso wie wenn du jemandem erklären willst, dass in der Göttlichen Führung zu leben einfach wunderbar ist, das Leben schöner, lebendiger und weicher macht. Man muss Schwarz-Weiß-Bilder und Farbbilder kennen, um zu wissen, was der Unterschied ist. So ist es auch im Geistigen. Man muss vertrauen, erst dann weiß man, was der Unterschied zwischen diesen beiden Leben ist. Vom Zufall abhängig und das Leid als Schicksal ertragen, oder mit geistigem Bewusstsein leben und sich einstellen <auf die Göttliche Ordnung und den Göttlichen Heilstrom>, um zu empfangen, was man braucht. Erfahren kann es aber nur der, der den ersten Schritt auf diesem Weg wagt, den Bruno Gröning für die Menschen frei machte.

Nun, während ich dies schreibe, frage ich mich, wie könnte ich das Wirken von Bruno Gröning am besten schildern, wie aufzeigen, dass außer den Heilungen noch vieles geschieht, dass diese Göttliche Kraft nicht nur im Körper des Menschen wirkt, sondern ihn ganz erfasst, ihn, seine Umgebung, einfach alles umfasst. Ich habe mich mit Freunden besprochen, die genauso wie ich schon über 20 Jahre der Mannheimer Gemeinschaft angehören. Dabei haben wir Rückschau gehalten, wie wunderbar Gott uns doch geführt hat. Sie gaben mir ihre Einwilligung, darüber zu berichten. Dies steht in keinem Heilungsbericht, was da geschieht und geschehen ist. Es sind die Schicksale der Menschen, erlebt und erlitten. Dann durch Göttliche Führung zum Licht und zum Guten hingeführt. Was in solch` einem Schicksal liegt, weiß nur derjenige, der es gelebt hat. Über ein Schicksal kann man eigentlich keinen Bericht schreiben, da keiner außer dem Betroffenen weiß, was er in diesem Leben gefühlt hat. Wir können nur Fakten aufschreiben und berichten, wo und wie die Göttliche Führung in unseren Augen eingesetzt hat und alles zum Guten brachte.

Je größer das Leid, desto länger die Regelung!
Als ich zur Gemeinschaft Mannheim kam, hatte eine Frau schöne Erfolge in der Heilung gehabt. Vollkommen gesund war sie aber noch nicht. Die Beschwerden dieser Frau traten erstmals im Alter von 20 Jahren auf. Der Verlobte zog sich zurück, und sie stand alleine da mit dem Kind unter dem Herzen. Sie lebte von ihren Eltern und bei ihren Eltern, dann auch mit dem Jungen, ohne einen eigenen Verdienst. Sie wurde daraufhin wie rechtlos behandelt. Alles bestimmten die Eltern, und sie musste gehorchen. Ihre Zukunftsaussichten in finanzieller Hinsicht waren katastrophal. Da sie nicht gearbeitet hatte, würde sie einmal auch keine Rente erhalten. Sollte den

Eltern etwas zustoßen, stünde sie alleine da. Der Sohn war inzwischen auch aus dem Haus, verheiratet und hatte eine eigene Familie gegründet. Von dort war für die Mutter nicht viel zu erwarten. Das alles hatte dies Menschenkind trotz aller Erfolge in der körperlichen Heilung, doch sehr belastet. Am meisten bedrückte sie, dass sie mit 45 Jahren immer noch kein Recht hatte, immer noch nicht frei war. Sie hatte schon öfters versucht zu arbeiten, dies ging aber über ihre Kräfte. Wir trafen uns zum Kaffee und sie erzählte, was wieder so los sei. Ich sagte ihr: „Du wirst erst frei sein, wenn Du Dich selbst ernähren kannst." Dies wusste sie und war auch bereit, alles dafür zu unternehmen. Auf einmal fiel mir eine Arbeit ein, die sie tun könnte. Es kam dabei nicht auf Schnelligkeit oder Kraft an, sondern auf Genauigkeit und Gewissenhaftigkeit. Das war das Richtige für sie. Sie bekam die Arbeit. Ich war nun eigentlich schon zufrieden mit dem, was erreicht war. Gott aber nicht, denn wie gesagt: Seine Wege sind wunderbar.-

So lernte sie an der Arbeitsstelle einen Mann kennen. Sie heirateten, fanden eine nette Wohnung und erlebten zusammen Jahre des Glücks. Sie besaßen ein kleines Auto und sahen dadurch ein schönes Stück dieser herrlichen Gotteserde. Nach Jahren wurde der Mann heimgerufen. Sie bekam und bekommt Witwenrente und ihre eigene Rente dazu, besitzt heute eine schöne Wohnung und es geht ihr gut, sie ist zufrieden.

Es war gewiss sehr hart, den Mann zu verlieren, aber ich bin überzeugt, sie würde auch heute wieder wählen wie damals. Beide hatten Jahre des Glücks und der Gemeinsamkeit. Und das ist viel! Ganz abgesehen vom finanziellen Gewinn.

Auf einer Postkarte las ich einmal den Spruch: „Weine nicht, dass es vorüber, sondern freue Dich, dass es gewesen ist."

Auch in diesen Worten ist enthalten, was ich meine.

Heute ist diese Frau ganzem Herzen dankbar dafür, dass sie Bruno Gröning kennenlernen durfte.

Herrgott, Deine Wege sind wunderbar!
Noch ein anderes Schicksal: Eine Frau war seit zehn Jahren verheiratet, besaß keine eigene Wohnung, nur ein Zimmer bei der Mutter. In diesen zehn Jahren wurde sie der Prellbock zwischen ihrem Ehemann und ihrer Mutter. Beide Partner waren jung, unerfahren, voller Fehler und noch nicht reif. Sie fügten sich seelische Wunden zu, an welchen beide schwer zu tragen hatten. Nun fängt der Mann zu trinken an. Sie bekommt keine Kinder. Da sie unfruchtbar sei, fühlt sie sich unnütz, diese Worte sind mit ihren Gedanken verbunden. Sie sieht in ihrem Leben keinen Sinn und verliert den Glauben an Gott und die Menschen. Anders kann sie nicht leben, und so will sie auch nicht leben. Sie richtet ihren Körper mit vollem Bewusstsein zugrunde. Sie will ein Ende. Der Mann geht seine Wege. Er braucht sie nicht. Niemand braucht sie. Sie ist in ihrem Trotz gefangen, bis das schreckliche Erwachen kommt. Sie erfährt, dass sie ungeachtet der hervorgerufenen Krankheiten alt werden kann. Ärzte können ihr dabei nicht helfen. Die Sinne versagen, der Körper gehorcht nicht mehr, weder ist sie fähig, nur einen Handgriff zu tun, noch ist sie in der Lage, allein auf die Straße zu gehen. Soweit ist es, als sie aus dem Krankenhaus entlassen wird. Die eigene Mutter sagt: „Es ist besser, wenn sie stirbt. Sie ist eine Last! Wer soll diese tragen?" Da erwachte sie aus ihrem Trotz. So hatte sie es nicht gewollt. Tot, ja! Siechtum, nein! Sie erkannte, dass sie sich gegen Gott und die Welt aufgelehnt hatte, und dass nur Gott ihr daraus helfen

konnte. Sie suchte Gott und wurde zu Bruno Gröning geführt. Auch sie folgt dem Ruf Bruno Grönings zur UMKEHR. Zuerst erhielt sie eine Wohnung, dann ihre Heilung. Sie wurde ein anderer Mensch. Sah sie auch nun nicht mehr so gut aus wie früher, so sagte ihr Mann doch: „Mir gefällst Du so viel besser. Du bist jetzt ruhiger und angenehmer."

Sie lernten, miteinander zu leben, sich zu achten und gegenseitig zu helfen. Sie bekamen ein Kind geschenkt und haben ein gutes Familienleben. Sie lernt und arbeitet weiter an sich. Sie sieht im Leben einen Sinn. Sie weiß: „Gott ist bei mir, ich bin nie mehr allein. Ich kann nie mehr unnütz sein, denn ich bin ein Werkzeug Gottes." So wirkt die Hilfe Gottes sich auf ihr ganzes Leben aus. Schaut man nach 25 Jahren zurück, dann erkennt man beim Überblicken auch nur eines Lebens, den Segen, den die Menschen durch die Lehre Bruno Grönings ernten können. Er kennt den Weg, wie die Menschen aus tiefstem Dunkel zum Licht geführt werden. Wie nicht nur der Einzelne, sondern auch wie die Umgebung und die Verhältnisse in Ordnung gebracht werden, und ich kann auch hier sagen: „Gott, Deine Wege sind wunderbar!"

Reich sein heißt gesund sein.
Hier ein weiteres Schicksal aus unserer Mannheimer Gemeinschaft: Ein Geschäftshaushalt. Eine Frau überlastet mit Arbeit, Wohnung und Geschäft in einem. Es gibt praktisch kein Privatleben. Mitarbeiter gehen ein und aus. Es wird verhandelt, debattiert und organisiert. Nicht einmal nachts oder während des Schlafens herrscht Ruhe. Es steht das Telefon am Bett, wenn es klingelt, heißt es wieder an die Arbeit und den Auftrag weitergeben. Der Mann geht privat seine eigenen We-

ge. Wenn sich seine Frau dagegen zur Wehr setzt, gibt es Prügel, so heftig sogar, dass die Polizei eingreifen Muss. Für die Frau gibt es keinen Bereich in ihrem Leben, in dem Ordnung herrschen würde, außer in dem Verhältnis als Mutter zu ihrem Kind. Dadurch ist auch der Körper dieser Frau voller Belastungen.

In dieser Situation führt Gott die Frau zu Bruno Gröning.- Sie ging das Glaubenswagnis ein.- Der Erfolg scheint längere Zeit auf sich warten zu lassen. Alles kam aber auf eine wunderbare Weise in die Göttliche Ordnung. Sie hatte fest an sich gearbeitet. Gesundheitlich ging es zwar noch auf und ab. Wundert dies eigentlich, wenn man weiß, dass Tag und Nacht keine Ruhe einkehrt?

Sie wird von Freund und Feind angegangen: Freunde, die unter dem Deckmantel des Mitfühlens nur im Dreck wühlen .

Wir sehen alle keinen Ausweg. Gott wies auch ihr einen Weg. Plötzlich hatte der Mann den Wunsch, das Geschäft zu verpachten. Nun war er die treibende Kraft zur Auflösung der chaotischen Verhältnisse. Alles Sträuben nützte unserer Freundin nichts. Eines Tages waren die Verträge fertig und unterzeichnet. Wochen danach kam der Mann nach Hause und sagte sinngemäß: „Eigentlich bin ich in der ganzen Sache der Dumme. Fast alle Vorteile liegen auf Deiner Seite." - Das stimmte! Die Frau hatte aber nie um diesen Vorteil gekämpft. Sie wollte einfach das Geschäft nicht aufgeben. Das Geschäft wurde verpachtet. Der Mann zog aus, und die Frau bekam Ruhe und Frieden in ihre Wohnung. Sie hatte nun ein gutes Leben mit ihrem Kind. Inzwischen hütet sie schon Enkelkinder. Diese Woche schrieb sie mir einen Brief. Da hieß es u.a.: „Das

Richtige und das für meine Umgebung. ...dass ich mich selber nicht unmöglich zeige! Das waren Erkenntnisse, die man selber erlebt und sich danach verhalten hat in Mannheim. Bei jedem Menschen ist dies ganz anders. Ich möchte mich nicht herausstellen, habe auch meine Fehler. Aber was waren das damals für Strömungen und tolle Ansichten in meinem Haus. Durch unseren Freund Bruno Gröning haben wir uns doch eingeordnet in das Glaubenswagnis, und unser Leben ist neu geprägt worden. Wir fanden Herzensfrieden, Geduld und Kraft zur Nächstenliebe. Segen für alle Menschen, die IHN wollen. Das Leben ist nicht langweilig, sondern sinnvoll."

Dies schreibt jener Mensch, der das alles erlebt hatte. Ist dies nicht der schönste Beweis für das Wirken unseres lieben Freundes Bruno Gröning? Zeugt es nicht für sein Wirken in allen Lebensbereichen, wenn man solche Schicksale überdenkt?

Ist es nicht herrlich, wenn ein Menschenkind, das dieses Schicksal getragen hat und zum Glaubenslicht geführt wurde, bekennt: „Durch unseren Freund Bruno Gröning haben wir uns doch eingeordnet in das Glaubenswagnis, und unser Leben ist neu geprägt: Das Leben ist sinnvoll!" Ist dieses Bekenntnis nicht ein schöner Dank an Bruno Gröning und sein Wirken? Ist der Satz: „Das Leben ist sinnvoll!" nicht die Bestätigung für die Richtigkeit seiner Lehre? Wir glauben: Ja! Aus vollem Herzen sagen wir: „Herr Gott, wir danken Dir, dass dieser Mensch und große Geist - Bruno Gröning - auf dieser Deiner herrlichen Erde gelebt und unter uns gewirkt hat, so dass alle, die nach seiner Lehre, die er gesät hat, leben und das Heil und den Segen ernten dürfen!"

Begreifliches - Unbegreifliches

Es war in einem Jahr, kurz vor Weihnachten. Unsere Gemein-schaftsleiterin, Frau Puchalka, hatte meinen Mann und mich eingeladen. Sie sagte: „Herr Gröning hält noch eine Weih-nachtsfeier und kommt anschließend zu uns. Wenn Sie wollen, können Sie kommen und mit meinem Mann und mir auf seine Ankunft warten." Jeder wird verstehen, dass ich von Herzen gern dorthin gefahren bin.

Wir warteten also so ungefähr vier Stunden auf ihn, und wie das so üblich war, haben wir uns in der Wartezeit unterhalten. Frau Puchalka erzählte uns, dass es der Wunsch von Bruno Gröning sei, dass sie Gemeinschaftsleiterin werden soll. Sie habe ihm aber erklärt, sie könne das nicht. Sie kenne zwar die Lehre und könnte auch vor Menschen sprechen, aber sie könnte nicht vor ihr bekannten Menschen aufstehen und dann einen Vortrag halten. Sie sagte: „Wenn ihr jetzt sagen würdet, halte nun mal einen Vortrag, dann könnte ich das nicht." Dies war unser erstes Gesprächsthema an diesem Abend.

Das zweite Thema brachte ich. Meine Schwester war in den Wechseljahren und hatte Schwierigkeiten. Sie erzählte mir damals: „Immer wenn ich in ein Geschäft komme, schweigen die Menschen und machen Bemerkungen über mich, dass ich nicht ganz normal sei." Von ihren Kindern hat sie es auch schon gehört. Auch ihr Mann sagt schon öfter mal, dass sie nicht normal sei.

Als drittes Thema sprachen wir über Bilder und ihre Ausstrah-lungen, und dass man auch zu nicht lebenden Gegenständen ein Verhältnis gewinnen kann. Wir hatten auch noch ein viertes Gesprächsthema. Leider ist zu viel Zeit vergangen, und ich erinnere mich an jenes nicht mehr. Kurz nach Mitternacht traf Herr Gröning dann ein. Wir waren alle sehr glücklich und froh. Frau Puchalka richtete Brote, und wir setzten uns zu Tisch. Ein Brot blieb übrig, und alle redeten mir zu es doch zu essen. Aber ich lehnte ab, da ich durch die Belastungen schon 30 kg Übergewicht hatte. Mein Mann griff in das Gespräch ein und sagte: „Es hat keinen Zweck, meine Frau ist ein Dickkopf und wenn sie nicht will, dann will sie nicht." Herr Gröning, der neben mir saß, schaute meinen Mann und dann mich an, wischte die Hand so kurz über meinem Kopf weg, und da geschah etwas Eigenartiges. Für mich war es etwas Unbegreifliches. Die Anwesenden unterhielten sich alle weiter. Ich konnte sie auch hören und verstehen, auch denken konnte ich. Aber irgendwie fehlte mir etwas. In meinem Kopf war es auf irgendeine Weise leer. Ich weiß noch genau, dass ich dachte, man könnte fast glauben, man hätte mir mein Gehirn geklaut. Nach kurzer Zeit machte Herr Gröning vor meinem Kopf wieder eine Bewegung, so, als würde er was hinwerfen, und da war bei mir alles wieder in Ordnung. Er wandte sich an meinen Mann und sagte: „Lassen Sie Ihre Frau in Ruhe, die ist in Ordnung." Hier möchte ich erwähnen, dass ich nach den Worten von Bruno nicht in den Wahn verfiel, ich sei nun schon vollkommen. Ich kannte seine Lehre schon so gut, dass ich wusste, wir bleiben alle Schüler, so lange wir leben. Ich entnahm daraus, dass ich mich auf dem richtigen Weg befände.

Dann sah Bruno Gröning mich an und sagte: „Wissen Sie, dass Sie sich schlank essen können?" Ich erwiderte: „Nein, aber wenn Sie es sagen, dann glaube ich es." Heute, nach so langer Zeit kann ich berichten, dass es gestimmt hat. Ich habe mich schlank gegessen. Das übriggebliebene Brötchen aß ich an diesem Abend doch noch. Im Laufe der Jahre nahm ich immer mehr ab, obwohl ich unverschämt viel gegessen habe. Zum Beispiel 20 Eier zum Frühstück und 10 Koteletts zum Mittag. Auf diese Weise nahm ich mehr als 20 kg ab.

Nach dem Essen sagte Herr Gröning: „So, Frau Puchalka, nun halten Sie mal einen Vortrag!" Sie lachte und sagte: „Das kann ich nicht, gerade habe ich es erklärt, dass ich es nicht kann." Er antwortete: „Also dann wissen Sie nicht, worauf es ankommt und wie sich ein Mensch verhalten muss, um in die Göttliche Ordnung zu erlangen?" Sie: „Oh doch, das weiß ich." Nun fragte er sie Verschiedenes, und sie gab Antwort und daraus entwickelte sich ein herrlicher Vortrag. Herr Gröning stand auf einmal auf, und wir schauten ihn an. Da sagte er: „Ich will nur das Tonband einschalten, um den Vortrag aufzunehmen." Da lachten wir alle sehr herzlich.

Nach einer Gesprächspause schaute er mich an und sagte: „Wissen Sie, dass, wenn man einem Menschen laufend einredet, dass er verrückt ist, er es dann auch wird? Der Mensch wird unsicher und rückt immer mehr aus Angst von seinen Gewohnheiten und Standpunkten ab, und dann ist er verrückt." Ich erwähnte: „Ja, ich erlebe das gerade mit meiner Schwester, und sie ist schon sehr unsicher."

Danach schaute er auf das Bild an der Wand und sprach so: „Ein Bild hat nicht nur eine Ausstrahlung, sondern nimmt auch alles auf, was im Raum geschieht, wo es sich befindet." Er erzählte uns eine Geschichte, die sich tatsächlich ereignet hatte: Ein Wanderer kam in eine Hütte und schaute auf ein Bild. Da spielte sich auf dem Bild plötzlich ein Film ab. Der Mann sah einen Mord, sah alles ganz genau, wie es geschehen war und wo man die Leiche hinbrachte. Er ging zur Polizei und berichtete, was er erlebt hatte. Man fand die Leiche genau dort, wo der Mann gesagt hatte, und alles hatte sich so zugetragen, wie es der Mann auf dem Bild gesehen hatte.

Als Herr Gröning dann auch noch zu dem vierten Thema unseres Abends Stellung nahm, konnte ich nicht mehr schweigen und sagte: „Über alle diese Themen haben wir uns unterhalten, und Sie kommen und geben uns die Antwort, wie ist das möglich? Sie waren doch nicht hier, sondern haben selbst einen Vortrag in einer Weihnachtsfeier gehalten. Woher wissen Sie, was wir gesprochen haben?"

Da sah er mich mit einem Lächeln an, wie ein Vater sein Kind ansieht, das nicht begreifen kann, dass der Vater mehr weiß und sagte: „Das liegt alles in der Luft. Kein Wort, das je ein Mensch gesprochen hat, geht verloren. Es liegt in der Luft, wird aufbewahrt im All. Ja, heute sind wir Menschen in der Lage, mit Apparaten Worte, die in weiter Entfernung gesprochen werden, wieder aufzufangen und durch Apparate dem menschlichen Ohr verständlich zu machen. Ich habe also nur aufgenommen, was Sie gesprochen haben. Das ist ganz natürlich.

Ich muss aber ganz ehrlich gestehen, für mich war das ganz und gar nicht natürlich. Von den Apparaten, von denen er sprach, wusste ich nichts und hatte vorher nie erlebt, dass ein Mensch in einen Raum kommt und dann ganz genau weiß, was dort in den letzten vier Stunden gesprochen worden war. Wahrscheinlich hat er meine Gedanken gelesen, denn er schaute mich wieder an und sagte: „Überlegen Sie mal, ist Ihnen noch nie passiert, dass Sie zu Menschen kamen und wussten, die haben von mir gesprochen?" Ich erinnerte mich, dass dies einmal der Fall gewesen war, und ich zu diesen Menschen sagte: „Fragt mich doch, ich kann Euch auf alles von mir Auskunft geben." Sie hatten dann zugegeben, von mir gesprochen zu haben. So sagte Herr Gröning: „Sehen Sie, wenn es sich um die eigene Person handelt, dann besitzt der Mensch noch einen Schimmer der Fähigkeiten, die Gott ihm zugedacht hat."

Da war ich still. Es war mir auch nicht mehr unbegreiflich. Ich hatte verstanden. Er hatte diese Fähigkeiten, die ihm Gott zugedacht hatte, und benützte sie. Wir haben sie außer acht gelassen und verloren, wie so vieles, was Gott uns zugedacht hat. Begegnet uns dann ein Kind Gottes wie er, dann stehen wir sprachlos da und staunen und begreifen nicht, wie dies alles möglich ist, was jener tut. Dabei benützt er nur das, was Gott allen Seinen Kindern zugedacht hat. Wir nehmen es nur nicht an und benützen es nicht, und so verkümmert es bei uns. Genauso wie die meisten Menschen war ich auch nicht fähig, den Göttlichen Heilstrom aufzunehmen. Wenn ich es heute kann, so nur durch die Belehrungen von Bruno Gröning. Heute ist das Empfangen vom Göttlichen Heilstrom für mich selbstverständlich und ohne Wunder. Ich bitte, empfange und danke. Wie ein Kind, das vom Vater etwas erbittet. Ich wurde durch die Unordnung in meinem Körper gezwungen, diese Fähigkeiten erst wieder zu erlernen und zu erlangen. Jetzt habe ich es gelernt. Daher weiß ich, würde mich etwas zwingen oder wäre es mein Wunsch, dann könnte ich auch lernen, Worte aufzunehmen, die vor Stunden gesprochen wurden.

Damit will ich nur sagen, für mich ist das jetzt nicht mehr unbegreiflich. Allerdings gibt es für mich noch viel Unbegreifliches, das durch Bruno Gröning geschah. Zum Beispiel wird jeder verstehen, dass ich nicht gefragt habe: „Sagen Sie mal, Herr Gröning, haben Sie vorhin mein Gehirn geklaut? Nicht einmal wagte ich es, so etwas zu fragen, denn ich dachte, das ist doch blöd und gibt es nicht. Also schwieg ich dazu. Heute würde ich fragen, denn die Zukunft hat mir bewiesen, dass damals wirklich etwas geschehen ist. Was, das weiß ich selbst nicht. Heute, nach fast 18 Jahren ist es mir immer noch unbegreiflich. Das erste was man bei Herrn Gröning lernte war, auf seine Gedanken zu achten.

Aus dem BG-Archiv: „Der Gedanke bewegt den Menschen zur Tat!"

Natürlich zogen mir immer noch Gedanken durch den Sinn, die nicht gut waren, und ich hatte mir angewöhnt, sofort dreimal in Gedanken: „Nein, nein, nein" zu sagen, um so den unguten Gedanken auszulöschen. Nach diesem Abend merkte ich nun auf einmal, dass ich das los war. Ich brauchte nicht mehr: „Nein, nein, nein" zu sagen, denn ich hatte keine unguten Gedanken mehr im Kopf. Dies wunderte mich sehr, und ich fing an nachzudenken, seit wann das so ist, und da stellte ich fest; seit damals, als ich das Gefühl hatte, Herr Gröning hätte etwas aus meinem Gehirn genommen. Natürlich war ich sehr glücklich darüber. Nach dem Heimgang von Herrn Gröning, es waren Jahre vergangen, hatte ich plötzlich wieder mit meinen Gedanken zu kämpfen. Mit Freunden aus der Gemeinschaft fuhren wir zur Grabstätte unseres Freundes Bruno Gröning. Am Grab war nicht viel zu tun, nur ein wenig Unkraut. Ich entfernte es und dachte dabei: „Lieber Bruno, Du hast mir einmal mein Unkraut aus dem Kopf entfernt, und ich tue es nun an Deinem Grab. Wie froh wäre ich, wenn Du wieder Ordnung in meinem Kopf machen würdest!" Anschließend setzten wir uns auf eine Bank, und da geschah es wieder. Nur war ich diesmal nicht erstaunt und verblüfft, sondern voller Glück, denn ich wusste, was nun geschieht und dass ich nun wieder frei sein werde von allen Gedanken, die nicht gut sind. Und so war es auch. Ich habe von ganzem Herzen gedankt und es als Geschenk genommen, obwohl es mir heute noch unbegreiflich ist.

Würde ich heute feststellen, dass mich ungute Gedanken quälen, so würde ich mich sofort hinsetzen, mich konzentrieren und Bruno bitten, wieder Ordnung zu machen. Ich weiß es 100%ig, er würde es sofort tun. Auch wenn ich nicht begreifen kann, auch wenn ich es nicht verstehen und erklären kann, so weiß ich doch, dass es geschieht. Dies weiß ich aus Erfahrung.

An mir selbst habe ich es erlebt und an anderen beobachtet, die Hilfe erhielten, ohne dass sie es selbst wahrnahmen. Bei einem Vortrag sagte Herr Gröning: „Wer will, kann sich eine Kugel für einen lieben Menschen mitnehmen, sie wird diesem Menschen helfen, auch wenn er nicht daran glaubt."

Mein Mann war immer mit einem lästigen Schnupfen behaftet. Meist bekam er ihn sonntags, wenn wir in seinem Elternhaus waren. Einmal mussten wir fluchtartig das Haus verlassen, weil man wegen der ewigen Nieserei doch kein Wort verstand. Mein Mann glaubte damals nicht an die Lehre von Bruno Gröning. So sagte ich ihm nichts und legt die Kugel einfach unter die Matratze und dachte: „Der lästige Schnupfen soll verschwinden!" Nach einem Jahr sagte ich zu meinem Mann: „Nun hast Du schon über ein Jahr keinen Schnupfen gehabt." Er war mehr als verblüfft und erstaunt. Ich erzählte ihm und seinen Eltern von der Kugel, und mein Schwiegerva-ter sagte: „Eine Kugel, von der er selbst nichts weiß, soll ihm helfen? Da muss ich ja lachen!" Nein, ich konnte nicht lachen, denn ich wusste, dass es so geschehen war.

Aus dem BG-Archiv:
„Sie sollen Mensch zu Menschen sein. Liebe Deinen Nächsten wie Dich selbst!"
„Nicht gehässig sein, nicht falsch, niemanden etwas Schlechtes antun! Sie sollen alle gut sein, gut unter-einander."
„Sie sollen wissen, dass Sie zusammengehören, ob arm oder reich. Nie neidisch sein! Der eine hat und der andere nicht."
"Das Beste und Größte, was Reichtum ist, ist ja nicht das Geld, wie Sie dachten. Reichtum ist Gesundheit."

Hier und in Amerika.

Bruno Gröning hat einmal in einem Vortrag gesagt:
Die Menschen sind so verkehrt, sie freuen sich, wenn einer geboren wird, und sie weinen, wenn einer seinen Körper verlässt und heimkehrt. Dabei wäre es umgekehrt richtig. Wenn ich diesen Körper verlasse, dann bin ich frei, dann bin ich hier und überall zugleich, weil ich dann nicht mehr an diesen Körper gebunden bin.

Dass seine Worte Wahrheit waren und noch heute sind, haben wir in den vergangenen Jahrzehnten oft erleben dürfen. Sein Wirken ist nicht an Ort noch an Raum gebunden! Wenn, so wie ich es erlebte, wie Menschen von Heilungen berichten, der erkennt auch, dass sie oft zum gleichen Zeitpunkt geschahen. Hier und in Amerika. Zeit und Raum spielen also für die Göttliche Kraft keine Rolle. Wir haben dies auch einmal in Mannheim erfahren dürfen. Meine Freundin in den USA hatte nach einem Schlaganfall schwere Sprachstörungen und ihre Sprache nicht mehr unter Kontrolle.

Mir tat das weh, als ich am Telefon sie so mühsam sprechen hörte, und darum bat ich die Mannheimer Gemeinschaft, sich mit mir für sie einzustellen. Ein paar Tage später bekam ich wieder einen Anruf aus Amerika, und die Freundin hatte ihre Sprache wieder, wie vor dem Schlaganfall. Sie berichtete mir, dass genau zu der Zeit, als wir uns in Mannheim für sie eingestellt hatten, sie in Amerika in einen tiefen Schlaf gesunken sei und 48 Stunden geschlafen habe. Ihr Mann habe immer nach ihr geschaut und sich Sorgen gemacht. Sie selbst wusste gar nicht, dass sie den Tag verschlafen hatte und stand auf, setzte sich an den Frühstückstisch und sprach mit ihrem Mann. Sie selbst merkte gar nicht, dass ihre Sprache wieder richtig war, bis ihr Mann ganz erstaunt rief: „Du kannst ja wieder richtig sprechen." Diese Freundin war jetzt zu Besuch bei mir in Deutschland und hat diesen Erfolgsbericht in der Mannheimer und Stuttgarter Gemeinschaft nochmals bestätigt.

Dieses Beispiel zeigt ganz klar, dass es für das Wirken von Bruno Gröning Zeit und Raum nicht gibt. Diese Freundin hat auch bei ihrem Besuch hier große Hilfe erhalten. Vor allem kamen die Beine wieder in Ordnung. Außerdem hatte sie Zucker und musste sich zweimal täglich spritzen. Obwohl sie in diesen zehn Tagen hier keinerlei Diät hielt und vieles zu sich nahm, was sie eigentlich nicht durfte (z.B.: Mohrenköpfe, etc.), ging der Zucker zurück bis auf 120. Man sagte mir, das sei fast normal. Als sie jetzt anrief, fragte ich sie nach den Werten, und sie antwortete: 180. Sie hätte ihrem Mann gesagt, das muss die Luft in Deutschland gewesen sein. Ich gab keine Antwort, doch machte es mich sehr traurig.

Es zeigte sich mir doch wieder ganz klar, wie wichtig die Gemeinschaftsstunden sind und das Wissen, das uns Bruno Gröning vermittelt hat. Man muss lernen, man muss begreifen wollen und dann bekommt man auch die Erkenntnisse und weiß dann die Wahrheit.

Bruno Gröning sagte:
Der größte Arzt ist und bleibt der Herrgott.

Ich hoffe, wenn die Freundin dies hier in den neuen „Mitteilungen" liest, dass sie dann nicht mehr glaubt, die Luft in Deutschland habe ihr geholfen, sondern sich überzeugt und weiß: „Es war Gott."

Wir wissen durch Bruno Gröning, diese Kraft wirkt überall und kann man überall empfangen. Es ist aber auch eine Lebensweisheit, wenn ich will, dass mein Wort Wahrheit wird, dann muss ich auch auf meine Worte besonders achten. Es ist ganz wichtig, dass wir uns für die Göttliche Hilfe auch bei Gott bedanken. „Gib Deinem Gott die Ehre." Dies tun wir mit den wahren Erfolgsberichten, und alle Freunde, die über ihre Heilung berichtet haben, gelangen dadurch wieder zu weiteren Erfolgen.

Bruno Gröning:
„Glaube und vertraue!
Es hilft, es heilt die Göttliche Kraft."

Über die Freundschaften

Wir sind alle Freunde von Bruno Gröning. Er war unser Freund, denn die Handreichung ging von ihm aus, er half uns. So sind wir dann seine Freunde geworden, weil wir diese Hand ergriffen haben. Bruno Gröning hatte auch den Wunsch, dass wir untereinander Freunde sein sollen. Diesen Wunsch hat er auf einer Tagung auch mal geäußert, da waren die Freunde aber noch nicht bereit dazu. Ein Freund äußerte: „In diesem Saal sind so viele Menschen, die ich nicht kenne und von denen ich noch nie gehört habe, wie kann ich die als Freunde akzeptieren?"

Noch heute sehe ich den traurigen und doch verstehenden Blick von Bruno Gröning und höre seine Worte: „Ach, Ihr seid noch nicht so weit." Nach seinem Heimgang kam dann das große Reinemachen. Immer mehr blieben fern. Die Spreu trennte sich vom Weizen. Die wahren Freunde gingen weiter auf dem Weg, den ihnen Bruno Gröning gezeigt hatte. Sie suchten und fanden Verbindung untereinander, denn die brauchten sie plötzlich. Dieses durch die Freundschaft Verbunden sein gab ihnen Kraft und Trost. So wurden die Worte unseres Freundes Bruno Gröning Wahrheit: „Einer hilft dem anderen, und uns allen hilft Gott!"

Aus der Not heraus setzten wir seine Worte in die Tat um und siehe, es erwuchsen daraus wertvolle Freundschaften. Es entstanden Freundschaften in diesem Freundeskreis von Bruno Gröning, die sich bewährten und kostbar waren. Jeder lebte sein Leben, das ihm von Gott bestimmt war, und entwickelte sich in der Göttlichen Führung weiter.

Doch verband uns alle eine geistige Freundschaft. Aus der gleichen Quelle bezogen wir unsere Nahrung: Aus der Göttlichen Quelle und vom gleichen Vermittler: Bruno Gröning. Auf dem gleichen Weg befanden wir uns: Dem Göttlichen. Auf diesem Göttlichen Weg hatten wir eines gelernt: Das Verbindende, Gemeinsame zu suchen und zu pflegen. Wir hatten aber auch gelernt, den Menschen zu akzeptieren, so wie ihn Gott erschaffen hat. Wir haben dies durch Selbstbesinnung und Selbsterkenntnis erlangt und wussten: „Ich habe noch viele Fehler, die ich ablegen muss."

Aus dieser Erkenntnis heraus waren wir damit voll und ganz beschäftigt, unsere Fehler abzulegen und sahen sie nicht oder hatten einfach keine Zeit, uns um die Makel der anderen zu kümmern oder diese überhaupt zu erkennen. Erkannten wir sie, so dachte man höchstens: „Das muss er auch noch ablegen." Wir sagten es ihm aber nicht, denn man war sich bewusst, er steht in der Göttlichen Führung und legt es ab, wenn die Zeit reif ist. Wir hatten Toleranz gelernt und die Fähigkeit unseren Nächsten so zu lieben wie er ist, mit allen seinen Fehlern und Schwächen.

Wurde man um Rat gefragt, dann gab man ihn ehrlich und gewissenhaft. Es war dann dem Freund überlassen, was er daraus machte. Ob er ihn annahm oder nicht. Es änderte aber nichts an der Freundschaft, wenn er den Rat nicht annahm, denn wir wussten: Jeder hat von Gott diesen Charakter und jene Eigenschaft mitbekommen, die er für seine Lebensaufgabe braucht. Da jeder eine andere Aufgabe hat, ist auch jeder anders, und das ist gut und richtig.

Wir liebten unsere Freunde, waren aus ehrlichem Herzen bemüht, ihnen zu helfen und auf ihren Wunsch hin auch für sie zu bitten. Wir waren tolerant. Das Ergebnis war Harmonie untereinander. Wir alle waren bemüht, mit Gott in Harmonie zu leben, und hieraus bezog unsere harmonische Freundschaft ihre Nahrung. Wir waren nach dem Wunsch von Bruno Gröning endlich in Freundschaft verbunden. Dieses spürten alle, die mit uns in Verbindung kamen.

Liebe Freunde, wenn ich dies in der Form der Vergangenheit schreibe, dann hat dies seinen Sinn darin, dass es heute nicht mehr unter allen Freunden so ist. Sie sind wohl alle noch Freunde von Bruno Gröning, darin besteht - Gott sei Dank - noch Einigkeit <1979>, aber bei vielen Freunden ist die Bereitschaft nicht mehr da, seinen Nächsten zu akzeptieren mit allen seinen Schwächen und vielen Fehlern.

Dies soll keine Kritik sein, sondern ich möchte aufgrund meiner Erfahrungen, die ich im Dienst am Werk von Bruno Gröning machen durfte, die Freunde zur Besinnung aufrufen: Die alten und die neuen Freunde. Wir hatten vor fast drei Jahren einen großen Zustrom an neuen Freunden. Diese brachten viel Unordnung mit, und wir waren nicht so stark, diesen großen Zustrom an Unordnung zu verkraften. Wir gaben unser Bestes. Alle! Viele Erfolge bestätigen das, denn viele haben das Heil erhalten.

Nun ist aber wieder die Zeit, in der sich Spreu vom Weizen trennt. Nach dieser Läuterung werden wir wieder in echter und treuer Freundschaft verbunden sein, das weiß ich. Doch wir müssen hierzu auch etwas tun. Nicht mehr die Fehler unserer Freunde suchen, sondern wieder unsere eigenen Fehler erkennen. Nicht die eigene Leistung überbewerten, sondern die Leistung des Freundes wieder anerkennen.

Wir wollen nicht über das Leben des Freundes bestimmen, sondern ihm seinen freien Willen lassen. Ohne die Freiheit des anderen zu achten, gibt es keine Freundschaft! Bruno Gröning wollte nicht eine „Sekte" mit moralisch erhobenem Finger, in welcher einer über den anderen wacht und ihm sagt, was er zu tun und was er zu lassen hat. Bruno Gröning wollte einen Freundeskreis, in dem einer dem anderen hilft, in welchem man nicht von Nächstenliebe spricht, sondern sie in die Tat umsetzt und pflegt: Wir sollen den Freund lieben, achten, ihm helfen und ihn ehren. Vorleben und nicht vorsagen. Treu zu dem Freund stehen in Freud und Leid. An uns selbst täglich arbeiten und nicht an dem Freund. Wir dürfen ihm geben, uns aber nichts nehmen. Wir können ihn belehren, aber nicht dabei vergewaltigen mit unserem Wissen.

Bruno Gröning hat gesagt: „Sie brauchen mir nicht zu glauben, und Sie sollen es auch nicht, aber überzeugen Sie sich von der Wahrheit meiner Worte und handeln Sie danach."

In diesem, seinem Sinne wollen wir unseren Freunden helfen. Liebe Freunde!: Wenn ich das Recht für mich in Anspruch nehme, über Freundschaften zu schreiben, dann nur, weil sie für mich schon immer ein wertvolles, kostbares und heiliges Gut sind.

Es gibt ein Lied: „Freunde fürs Leben sind wie ein Diamant, den man vergebens sucht im heißen Wüstensand, findest Du einen, der es gut mit Dir meint kannst Du zufrieden sein." Als ich zu Bruno Gröning kam, hatte ich schon vier solch wertvolle Diamanten. Seit 30 Jahren bin ich mit diesen vier Frauen in Freundschaft verbunden. Sie haben sich bewährt in Freud und Leid. Als ich jämmerlich in der Heidelberger Klinik lag, kam meine Freundin an ihrem Hochzeitstag mit ihrem Mann zu mir und sagte: „Andere fahren nach Venedig, ich wollte Dich an meinem Glück teilhaben lassen, weil Du es brauchst." Freundschaft ist Helfen, ohne Gewinn zu erwarten. Nichts erwarten von einem Freund, ihn nicht als sein Eigentum betrachten, aber da sein, wenn er Hilfe braucht. Ihn so akzeptieren, wie er ist. Nicht sagen: „Das habe ich dir gleich gesagt." Helfen Sie, wenn er in Not ist! Egal wie er dahin gekommen ist, auch dann, wenn es seine eigene Schuld war. Arbeiten wir an uns.

Schauen wir zu, dass wir uns nicht als Spreu absondern, sondern dass wir zum Weizen werden, der Frucht bringt. Verurteilen wir nicht, denn Gröning-Freunde sind keine Richter, sondern Helfer. Seien wir dankbar, dass wir es sein dürfen.

Das Ziel von Bruno Gröning war es und ist es, die Nächstenliebe in die Tat umzusetzen. Nur daran sollten die Freunde sich halten, dass sie selbst zur Tat übergehen. Nicht, wie jene leben und was sie sonst noch tun. Das ist deren Leben und das müssen sie verantworten vor Gott und nicht wir. Erkennen Sie wieder, dass jeder sein Recht auf sein eigenes Leben hat und nicht nach einer anderen Meinung leben soll, sondern sein Leben soll, wie Gott es für ihn bestimmt hat. Helfen wir ihm, wenn er in Not ist, fragen nicht nach der Schuld, dann werden wir wieder das köstliche Geschenk der wahren Freundschaft besitzen. Oft habe ich schon in der Gemeinschaftsstunde gesagt: „So ein Nebenprodukt der Gröning Lehre ist, dass man viele, viele Freunde gewinnt." Welch ein Reichtum das ist, erkennt man erst, wenn man Menschen begegnet, die einsam sind. Mir ist eine Freundschaft wertvoll und bin deshalb auch bereit, vieles dafür zu tun. Auch einmal mein eigenes Ich zur Seite zu stellen, da es mein fester Wille ist, im Kreise der Freunde zu leben. Wie herrlich ist es doch, wenn man durch das Land fährt und weiß, hier lebt ein Freund und dort lebt einer, und man schickt gute Gedanken zu ihm und freut sich, dass man diesen Reichtum an Freunden besitzt. Das gibt ein Gefühl der Glückseligkeit, das man nicht beschreiben, sondern nur erleben kann. Mit welchen guten Gefühlen fährt man zur Tagung, weil man weiß, dass so viele gute Freunde und liebe Menschen dort sind. Mit was für guten Gefühlen fährt man nach Hause. Mit köstlichen Erinnerungen, von denen man noch lange zehren kann. Freundschaft hat einen großen Wert. Darum meine Bitte: Arbeiten wir alle an uns, dass wir dieser Freundschaft wert sind. Erkennen wir uns selbst.

Bruno Gröning sagte uns dazu: „Mit Gott sind wir alles, ohne ihn nichts!"

Achten und lieben wir unseren Freund und danken wir Gott, dass er uns Freunde gab. Freundschaft ist ein Geschenk Gottes."

Bruno Gröning: „Ich gebe Ihnen zu wissen, dass Sie alle, so Sie hier in dieser großen und Göttlichen Welt leben, nur Gottes Kinder sind. Der alleinige Arzt, der Arzt aller Menschen, ist und bleibt unser Herrgott. Nur er kann helfen. Er hilft aber nur den Menschen, die den Weg zu Ihm gefunden hat, oder aber wie ich schon sagte, bereit sind, den Weg anzutreten, den Glauben in sich aufzunehmen und mit ihm zu leben. Sie brauchen nicht an den kleinen Gröning zu glauben, aber Vertrauen müssen Sie mir entgegenbringen und dem Herrgott für Seine große Tat, für Seine große Macht, für Seine Herrlichkeit danken.

Nicht ich will den Dank. Nein. Den habe ich auch nicht verdient. Ich tue genauso meine Pflicht wie Sie Ihren Beruf. Es liegt am Menschen selbst, wie er sich frei gemacht hat, um die Heilung zu empfangen. Das heißt, er Muss rein sein. Er Muss wissen, dass er kein Gotteslästerer ist. Er Muss wissen, dass er sich verpflichtet und verbunden fühlt, mit dem Herrgott zu leben. Dann ist er rein."

Und auch dieses: „Willst Du das Göttliche erleben, dann musst Du danach streben."

Warum Bruno Gröning?

Wir Menschen haben vieles vergessen oder Falsches von den Vorfahren übernommen. So fehlte das Wissen um das geistige Geschehen. Dieses geistige Wissen brachte uns Bruno Gröning zurück. Was versteht denn ein Mensch der heutigen Zeit unter dem Wort Glauben? Wenn Sie fragen: „Wieviel Uhr ist es?" erhalten Sie die Antwort: „Ich glaube, es ist 2:00 Uhr." Wenn sie sich dann überzeugen, dann ist es vielleicht 1:00 Uhr oder 3:00 Uhr. Sie können an diesem Beispiel erkennen, dass man das Wort Glaube gleichsetzt mit „nicht wissen", jedoch ist dieses oder jenes möglich. Mit solch einem Glauben kann man nichts bewirken. Wohl war noch bekannt, dass der Glaube Berge versetzen kann, jedoch Muss man diesen Glauben, der Berge versetzen kann, auch tatsächlich in sich tragen. Genau diesen Glauben, der Berge versetzen kann, hatte Bruno Gröning und konnte ihn an Menschen weitergeben oder wieder in Ihnen diesen Glauben erwecken dank der Göttlichen Kraft, die von ihm ausging. Außerdem glaubte er stellvertretend für die Menschen, bis sie selbst glaubten.

Er hatte ein großes Wissen um das Göttliche. Dieses Wissen gab er in seinen Vorträgen an die Menschen weiter. Hörten die Menschen auf seine Worte und beherzigten sie, dann wurden sie nicht nur heil, sondern auch frei. Seine Aufgabe auf dieser Erde war, die Menschen wieder zu Gott zu führen, ihnen zuzurufen: „Auf zur Großen Umkehr!"

Die Menschen konnten nicht mehr an die Allmacht Gottes glauben. Sie hatten kein Vertrauen mehr zu Gott, oder sie wussten nicht mehr, was sie tun sollten, um der Gnade Gottes teilhaftig zu werden! Sie sahen keinen Ausweg aus ihrer Not -

darum sandte Gott uns Bruno Gröning! Darum ging von ihm eine Kraft aus, in einer Stärke, dass sie weltweit Aufsehen erregte! Es geschahen viele Heilungen in der ganzen Welt. In allen fünf Erdteilen. Er hatte den Menschen ein gewaltiges WISSEN zu geben, doch nur wenige hörten auf ihn. Er wollte nicht, dass man an ihn glaubt, sondern er bat immer darum, dass man sich von der Wahrheit seiner Worte überzeugen solle. All jene, die Heilung durch die Göttliche Kraft erhalten haben und seine Botschaft hörten und verstanden, wurden auch überzeugt. Für diese hat das Wort Glaube auch nicht den Inhalt: Das ist möglich! Sondern wir wissen, dass es Gott gibt und Er seinen Kindern hilft und alle Macht hat. Dieses Wissen und diese Hilfe verpflichtet uns, unserem Nächsten zu helfen und ihn zu lieben!

Genau hier setzt die Aufgabe unserer Vereinigung ein. Wir sollen Zeugnis geben! Wir sollen die Wahrheit berichten von der Hilfe, die wir von Gott erhalten haben. Keine Propaganda machen oder Reklame, jedoch laut und deutlich bekennen: „Mir hat Gott geholfen!" In ganz schlichten und einfachen Worten, für jeden verständlich. So wie Bruno Gröning zu uns gesprochen hat. Ein Teil der Presse nannte seinen Wortschatz deshalb „primitiv". Wir finden ihn genial. Solch ein geistiges Wissen so einfach und klar dem Menschen darzulegen, dass jeder es begreifen und erfassen kann, ist genial. Darum wollen auch wir diese einfache und schlichte Form bewahren und die Wahrheit so weitergeben, wie es Bruno Gröning tat. Freund Erich Bavay sagte einmal den Satz: „Ich folge meinem Freund und Helfer Bruno Gröning auf dem Heilsweg zu Gott." Dies wollen wir auch tun, und unsere Aufgabe ist es, diesen Weg freizuhalten für alle Menschen, die Hilfe brauchen und diesen Weg gehen wollen. Darum müssen wir sein Wissen weitergeben. Nur so können wir die Lehre reinerhalten. Hüten wir uns, unsere Erkenntnisse und Anschauungen der Lehre beizufügen. Denn da ist die Gefahr groß, dass wir uns wieder in einen falschen Glauben versetzen, und davor hat uns unser Freund und Lehrmeister Bruno Gröning gewarnt. Dazu sind auch die Gemeinschaftsstunden da, dass wir unser TUN selbst überprüfen und uns an seiner Lehre ausrichten und notfalls korrigieren. Gott hilft uns dabei, wenn wir uns einstellen auf IHN und Gott wirken lassen. So können wir die Göttliche Heilkraft oder Hilfe empfangen und erhalten auch Antwort auf alle Fragen, wie wir uns verhalten sollen, um diese bewusste Verbindung mit Gott zu erhalten. Dies lehrte uns Bruno Gröning.

Wir haben es gelernt und können es an Menschen weitergeben, die es annehmen wollen, weil sie Hilfe nötig haben. Wenn wir sagen: „Wir können es weitergeben", dann ist das kein Hochmut, sondern die Erfolgsberichte nach dem Heimgang von Bruno Gröning beweisen es. Bruno Gröning sagte uns: „Ihr werdet Schüler bleiben, so lange Ihr lebt." Nach 30 Jahren kann ich das nur bestätigen, dass es auch stimmt. Wir lernen täglich dazu und machen immer wieder neue Erfahrungen. In meinem Leben ist die Lehre von Bruno Gröning ein festes Fundament, das mir mein ganzes Leben geholfen hat, aus vielen Schwierigkeiten herauszufinden und sie zu bewältigen. Sie ist mir Schlüssel für alles geistige Geschehen und auch im Leben. Sie schenkt mir Erkenntnisse und hilft mir, das Leben in seiner ganzen Breite und Fülle zu erleben. Man kann sie nicht aus Büchern lernen, sondern Muss es leben, um es zu begreifen und zu erfahren. „Man Muss es TUN! Seinen Nächsten lieben und ihm dienen!" Dies drückt Bruno Gröning mit dem Wort Streben aus.

Er sagte: „Willst Du das Göttliche erleben, dann musst Du danach streben!"

Dies kann man nur, wenn man weiß, dass die Liebe die größte Macht auf Erden ist und alles bewirken kann. Diese Liebe kann nur Gott geben. Wenn man erkennt die Worte unseres Freundes Bruno Gröning „Mit Gott bin ich alles, ohne IHN ein nichts!" dann hat man zur Liebe den Schlüssel. Man lernt und ist dankbar dafür, Werkzeug Gottes zu sein. Je mehr man diese Fähigkeiten entwickelt, um so mehr Segen hat man. Bleibt man auf diesem Weg, dann ist man eines Tages genauso weit, wie es unser großer Freund und Lehrmeister war, sodass man alle Menschen lieben kann, auch wenn man ihre Fehler kennt. Wann und in welchem Leben wir dieses Ziel erreichen, weiß keiner von uns.

Bruno Gröning: „Man hat geglaubt: Einer könnte sich vom anderen unterscheiden, indem er der Natur den Rücken kehrt und die Stufen der Kultur besteigt. Da liegt der Fehler! Da liegt alles. Das ist es, was dem Menschen fehlt: Die Natur. Zurück zur Natur! Zurück zu unserem HERRGOTT. Zurück zum Glauben an den Herrgott und zum Glauben an das Gute im Menschen. Ich selbst frage nicht, welcher Religion, welcher Nation der Einzelne angehört. Hauptsache ist, er trägt den Herrgott im Herzen."

Ihr sprecht nur von Bruno Gröning!

Beitrag von 1984

35 Jahre ist es her, dass Bruno Gröning öffentlich zu wirken und zu lehren begann. 35 Jahre, dass er weltweites Aufsehen erregte, denn das, was durch ihn geschah war für alle Menschen unbegreiflich.

35 Jahre sind eine lange Zeit, und Generationen wachsen nach, die das nicht erlebt haben. So taucht auch immer öfter, wenn neue Freunde hinzukommen, die Frage auf: „Warum Bruno Gröning?" oder: „Ihr sprecht nur von Bruno Gröning, es gibt doch viele andere!" Sicher, die gibt es. Viele Wege führen nach Rom und viele Wege führen zu Gott! Unser WEG ist ein Heilsweg. Wir sind eine Vereinigung von Menschen, die Hilfe und Heilung auf diesem Weg anstreben oder bereits erhalten haben. Diesen Weg hat Bruno Gröning für die Menschheit frei gemacht. Er war unser Lehrer, Wegweiser und helfender Freund auf diesem Weg.

Vor allen Dingen war er uns ein Vorbild, denn er hat nicht nur Lehren von sich gegeben, sondern hat das auch gelebt, was er lehrte. Wir fanden auf diesem Weg nicht nur die Heilung, weswegen wir ja eigentlich kamen, sondern Hilfe in allen Lebensbereichen. Ja, alles, was wir für dieses Erdenleben brauchten, fanden wie auf diesem Weg. Wir lernten uns selbst kennen und die geistigen Gesetze, die unser Leben bestimmen. Wir erhielten Weisheit und Erkenntnisse auf diesem Weg. Vor allem lernten wir das Leben lieben und unser Leben schätzen und wurden frohe, lebensbejahende Menschen. Auch wurden wir uns bewusst, dass wir Gotteskinder sind. Wir haben auch erkannt, dass wir täglich an uns arbeiten müssen, um der Bezeichnung „Gotteskind" gerecht zu werden.

So können wir sagen, dass wir auf diesem Weg, den Bruno Gröning für uns frei gemacht hat, alles, aber wirklich alles erhalten, was wir benötigen. Ja, ich kann nach 30 Jahren sagen: „Es ist mir noch kein Mensch begegnet, der mehr hatte als wir!" Ein Gotteskind zu sein ist eben das Höchste, mehr gibt es nicht. Darum gibt es für uns auch keinen Grund, diesen Weg zu verlassen, um andere Wege zu erproben. Wir folgen unserem Freund und Helfer Bruno Gröning auf diesem Heilsweg zu Gott.

35 Jahre sind eine lange Zeit, und die Menschheit hat sich in dieser Zeit gewandelt. Das Streben nach geistigem Wissen ist groß unter den Menschen. So gibt es heute viele geistige Vereinigungen. Wir freuen uns darüber! Wir informieren uns auch. Doch wir—insbesondere die, die aus anderen geistigen Strömungen zu uns stießen—haben bisher immer erkannt, dass unser Weg der einfachste und segensreichste ist. Lernen ist auch bei uns schwer, doch dann erntet man großen Segen. Vor 35 Jahren war das alles noch ganz anders. Da hatten einfache Menschen wie ich noch kein geistiges Wissen. Nur das, was uns die Kirche vermittelt hat. Darum sind wir erst alle in die Kirche, um dort den Heiland und unser Heil zu suchen. Mir hat man aber in der Kirche nur gesagt, was ich nicht machen soll. Wissen wollte ich aber, was ich machen sollte. Genau das tat Bruno Gröning. In schlichten, einfachen Worten hat er uns erklärt, was wir tun mussten, um das Heil zu erhalten.

Darum Bruno Gröning!

Er gab uns zu wissen, was wir vergessen hatten. Wir nahmen

seine Worte an, handelten danach und hatten Erfolg. Wir wurden gesund, und heute nach 30 Jahren bin ich es immer noch. Weil ich auf diesem Weg geblieben bin, den er mir gezeigt hat. Da ich täglich an mir arbeite und gearbeitet habe, und weil ich regelmäßig alle 3 Wochen zur Gemeinschaftsstunde gegangen bin, um mich wieder an seinen Worten auszurichten. Dieses Besinnen im Freundeskreis bewahrte mich vor Hochmut und vor allem davor, der Macht der Gewohnheit zu verfallen oder wieder menschenhörig zu werden.

Unsere Verlag - Begründet 1954 durch Bruno Gröning und dem elfjährigen Walter-Wilhelm Busam - hat sich die Aufgabe gestellt, das Wissen, das Bruno Gröning der Menschheit brachte, rein zu erhalten, und so wie wir es erhalten haben weiterzugeben. Dies tun wir nun schon seit 1958, und die vielen Erfolgsberichte geben Zeugnis von der Wahrheit der Lehre Bruno Grönings. Es wäre doch dumm, würden wir einen Weg aufgeben, auf dem wir auch alle, die wir lieben, Gesundheit, Glück und Segen erhalten haben. Jeder soll seinen Weg gehen, den er für richtig hält, wir wollen unseren gehen, weil wir ihn für richtig halten. Wir sprechen in den Gemeinschaftsstunden von Bruno Gröning, weil es sein Wissen ist, an dem wir uns ausrichten und wir uns nicht mit fremden Federn schmücken wollen. Es würde auch nichts nützen, denn so wie er damals der Transformator war, der uns die Göttliche Kraft vermittelt hat, so ist er es heute auch noch. Warum dies so ist, weiß ich nicht. Doch dass es so ist, weiß ich genau, denn es sind viele gescheitert, die ihn beiseite stellen wollten. Zum Beispiel weiß ich nicht, wie das Telefon funktioniert, doch kann ich mich des Telefons bedienen, indem ich den Hörer abnehme und eine Nummer wähle. So ist es auch hier. Uns genügt das. Ein Freund, der neu hinzukam, sagte mir: „Ich glaube, Ihr habt es nicht gern, wenn man von anderen Wegen spricht, die zu Gott führen - oder anderen Lehren als durch Bruno Gröning." Wir sagen hierzu das Gott viele Wege geschaffen hat und wenn diese der Lehre nicht widersprechen, sind sie gut weil sie denen die noch nicht so weit sind dennoch weiterhelfen können. Die Lehre ist wie ein helles Licht, das den Weg beleuchtet. Doch kommt da jemand aus der tiefsten Dunkelheit so würde er von diesem Licht geblendet oder gar erblinden. Darum bedarf es auch der vielen anderen Wege; auf das jeder den seinen finden mag.

Unser geistige Weg und dieses geistige Wissen, das uns und andere zum Heil führt, kam durch Bruno Gröning in diese Welt.

Wir sind bemüht, die Lebensweisheiten so rein wie möglich zu erhalten und auch so weiterzugeben. Dies kann man nicht lernen, dies muss man leben und erfahren. Dies tun wir seit Jahrzehnten, und darum glauben wir nicht, sondern wir wissen und sind überzeugt von der Wahrheit seiner Worte.

Jede Vereinigung hat ihre Berechtigung und ihren Kreis, in dem sie wirken soll. Das gleiche haben wir aber auch. Wer zu uns kommt, stößt auf die Lehre von Bruno Gröning. Wer zu uns kommt, kommt in Bruno Gröning - Gemeinschaften. Manche Menschen haben oder machen sich Schwierigkeiten, Bruno Gröning einzuordnen. Wir überlassen es Gott, Bruno Gröning einzuordnen. Ein Freund erklärte auf einer Tagung, er hätte auch Schwierigkeiten gehabt, wie er Bruno Gröning einordnen soll, bis ihm die Erkenntnis kam: „Ich muss nicht Bruno Gröning in Gottes Plan einordnen, der ist eingeordnet und richtig. Ich muss mich einordnen."

Manche machen es sich schwer mit Jesus Christus und Bruno Gröning. Er hat genau das getan, was Christus wollte: „Was wir alles tun können, wenn wir nur glauben. Wenn wir all das in uns aufnehmen, was Gott für uns bestimmt hat. Ja, meine lieben Freunde, dieses alles lehrte Christus uns. ER war uns und ist uns und wird uns immer ein großes, wie auch ein sehr gutes, das beste Vorbild sein."

Klarer kann kein Verhältnis sein als das von Bruno Gröning zu Jesus Christus. Um aber keine Missverständnisse aufkommen zu lassen; wir beten nur zu Gott um Hilfe und danken auch Gott.

Worte Grönings:
„Mit Gott sind wir alles, ohne IHN ein Nichts!"
„Liebet das Leben, Gott, Gott ist überall!"

Dies sind uns gegebene Lebensweisheiten, an denen wir uns ausrichten. Jeder bleibt in der Kirche, in der er ist, denn wir sind kein Kirchenersatz.

Wir treffen uns alle drei Wochen mit dem Willen zum Guten, wir stellen uns ein bei Musik und erhalten so eine gute Schwingung. Alles, was noch im Raum war an Ungutem verschwindet, und es kehrt Ruhe ein. Freunde berichten von ihren Erlebnissen, und wir rufen wieder die Lebensweisheiten von Bruno Gröning ins Gedächtnis.

Beispiele:
Dass der Mensch in der Gegenwart leben soll, und die Gegenwart jetzt dieser Augenblick ist."
Nicht das Leid der Vergangenheit tragen und auch keine Angst

vor der Zukunft haben, sondern bewusst die Gegenwart erleben und sich an allem Schönen freuen.

Wir erneuern das Versprechen, das wir Gott gegeben haben, dass wir mit dem Unguten nichts mehr zu tun haben wollen und dazu gehören auch Schmerzen und Krankheiten.

Schmerz und Krankheit sind böse, wir haben es am eigenen Körper erfahren. Bruno Gröning hat auch mit dem Irrglauben aufgeräumt, dass Gott den Menschen Krankheiten und Schmerz schickt.

Nein, es ist der Mensch, der sich beschränkt und der sich jenes holt. Gott hilft den Menschen immer wieder, dies alles loszuwerden. Der Mensch muss sich wieder Gott zuwenden. Dies tun wir in der Gemeinschaftsstunde. Anschließend stellen wir uns nochmals bei Musik ein, und dies ist die Zeit, in der Gott in uns wirkt. Verhält sich ein Mensch richtig in der Gemeinschaftsstunde, dann hat er die nächsten drei Wochen wieder die richtige Richtung für sein Leben und auch die Kraft, das zu tun, was Gott von ihm erwartet.

Vom Geistigen her gesehen war Bruno Gröning das, was Gott von all seinen Kindern erwartet. Auf jeden Fall bin ich froh und glücklich, dass er mein Freund ist, und ich bin ihm sehr viel Dank schuldig.

Bruno Gröning: „Kommen Sie hoch, und über die Kluft baue ich Ihnen eine Brücke! Gehen Sie vom Leidensweg auf den Göttlichen Weg! Auf diesem gibt es kein Unglück, keine Schmerzen, kein Unheilbar; da ist alles gut!
DIESER WEG FÜHRT ZU GOTT ZURÜCK!"

„Nun, meine lieben Freunde, so auch Sie das Gute bejahen, so Sie doch das Gute für sich selbst <und> für Ihren Körper, auch für Ihren Nächsten, nötig haben, und Sie glauben heute noch gar nicht daran, dass Sie Ihrem Nächsten auch helfen können. So dies geschieht, warne ich jeden Menschen, dass er sich nur nicht dann daraufhin etwas einbildet und von sich aus Behauptungen aufstellt: Er könne heilen. Vorsicht! Davor warne ich! Ich kann auch nicht heilen. Aber ich kann Sie, ich kann jeden Menschen zum HEIL führen. Ich kann helfen und kann jedem Menschen die Verbindung wiedergeben, die er wirklich nötig hat. Die Verbindung zu Gott aber aufnehmen, müssen Sie!"

Inhalt und Ziel

Über Inhalt und Ziel unserer Vereinigung möchte ich heute einmal schreiben. Oft stellen Menschen uns die Fragen: „Was tut Ihr?. Was macht Ihr?. Ihr sprecht von Gott und sagt, Ihr seid keine Sekte. Ihr stellt Euch ein, ist das gleich Meditation? Was seid Ihr? Was tut Ihr?" Bestimmt werden Ihnen auch solche Fragen gestellt.

Wir sind Menschen, die erkannt haben, woher wir kommen, warum wir hier sind und wohin wir gehen.

Wir kommen von Gott. Wir müssen hier lernen, und wir gehen zu Gott, darum sprechen wir auch von IHM.

Wir haben gelernt, uns selbst zu erkennen und somit auch zu beherrschen. Wir tun genau das, was unser Vereinsname aussagt: Wir fördern unsere seelischen, geistigen und natürlichen Kräfte, damit wir eine feste Lebensgrundlage haben.

Wir haben gelernt und lehren es anderen; wie man sich durch die Kraft des Geistes alles holen kann um in diesem Leben bestehen zu können. Dadurch sind wir nicht vom Zufall abhängig, sondern wir wenden uns dem zu, was wir wünschen. Das macht frei, und so sind wir frohe, lebensbejahende Menschen.

Das Wissen wie wir dies erreichen können; es gab uns unser Lehrmeister Bruno Gröning. Er gab es in einer so genialen Einfachheit, dass es jeder, aber auch wirklich jeder, begreifen kann, wenn er es will. Er sagte: „Ich rufe Sie auf zur Großen Umkehr! Ihr habt Euch von Gott, Eurem Vater, entfernt, nun müsst Ihr umkehren, um wieder zu ihm zu finden. Mit Gott seid Ihr alles, ohne IHN nichts! Ihr müsst Gott ein Versprechen geben, dass Ihr mit dem Bösen nichts mehr zu tun haben wollt, sondern jetzt Euch ganz dem Guten, dem Göttlichen zuwendet."

Hier möchte ich nochmals hervorheben; Bruno Gröning hat nicht die Kirchen zur Großen Umkehr aufgerufen, sondern uns Menschen. Er hat auch nicht das Christentum in neuen Worten gebracht, sondern uns aufgefordert, uns und unser Verhalten zu ändern. Darum sind wir auch keine Sekte und sollen es auch nach dem Willen von Bruno Gröning nicht werden. Alle Religionen sind gut oder enthalten Gutes. Es liegt am Menschen und seiner Einstellung dazu, ob er sie versteht oder nicht. Darum bleibt bei uns auch jeder in der Kirche, in der er ist.

Viele Menschen haben durch das Wissen, das Bruno Gröning ihnen vermittelte, wieder den Weg zu Gott und in ihre Kirche zurückgefunden. Weil sie nun für alles Gute aufgeschlossen waren, haben sie auch alles besser verstanden.

Ich möchte dieses an einem Beispiel erklären, dann werden Sie es besser verstehen: In dieser Welt gibt es Gut und Böse. Sagen wir, das Gute ist eine sehr schöne Landschaft mit allem Schönen, was es auf dieser Erde gibt. Berge, Täler, Wiesen, Wasser und allem, was zu einem schönen Bild gehört. Auf der Gegenseite ist eine Wüstenlandschaft. Sand, Hitze, Durst. Sie haben sich der Wüstenlandschaft zugewandt und sind somit unzufrieden, enttäuscht. Nun kommt ein Mensch und ruft Sie auf, sich umzukehren. Sie tun es, und auf einmal ist aller Mangel beseitigt. Sie sehen alles, was schön ist. Sie sind begeistert und werden ein zufriedener Mensch. Es war alles schon da, was sie nun sehen und erkennen. Nur Sie haben es nicht wahrnehmen können, weil Sie eine falsche Stellung hatten. Weil Sie der Wüstenlandschaft zugewandt waren. Der Helfer, der Sie aufgefordert hat, sich umzuwenden und das Schöne zu beachten, hat nur Ihre Stellung verändert, sonst nichts.

Unsere Einstellung zum Leben und zu uns selbst konnten wir ändern. Unsere Einstellung zu unserem Nächsten mussten wir ändern. Wir wurden von Bruno Gröning dahin gehend belehrt, dass wir kein Recht haben, etwas zu verlangen, sondern wir müssen etwas tun, wenn wir was wollen, um zu erlangen. Als erstes mussten wir lernen, Gottvertrauen aufzunehmen. Taten wir das, dann schwand alle Angst.

Der erste Schritt war: „Glaube und vertraue. Es hilft, es heilt die Göttliche Kraft!"

Wir wurden belehrt, auf unsere Gedanken zu achten. Wir haben gelernt, uns „einzustellen" auf die Sendung Gottes und lassen Gott in uns wirken. Dadurch erhalten wir Kraft und Erkenntnisse und alles, was wir benötigen, durch den Göttlichen Heilstrom, um unsere Aufgabe hier auf dieser Erde zu erfüllen: „Wie der Wille, so der Gedanke! Der Gedanke bewegt den Menschen zur Tat!"

Damit ist auch die Frage beantwortet: Ist Einstellen dasselbe wie Meditieren? Nein, es ist nicht dasselbe. Denn wir haben nichts zu tun als die Vorbereitungen zu erfüllen, damit wir in die Ruhe kommen und Gott wirken kann. Wir machen uns bewusst, dass wir mit IHM alles sind und ohne IHN ein Nichts. Wer weiß denn noch, dass alles im Geistigen bereit liegt, was der Mensch für sein Leben braucht? Wer weiß noch, dass die

Lebenskraft den Menschen umhüllt, und er sich diese rund um die Uhr holen kann, wenn er es nötig hat? Wer hat noch die Herrschaft über Gedanken?. Wer weiß, wie man Gedanken anzieht und welche? Wer kann abschalten und sich frei machen von allen Gedanken? Bruno Gröning gab uns dieses Wissen und gab es den Menschen: „Willst Du das Göttliche erleben? So musst Du danach streben!"

Will man die Sendung Gottes empfangen, so muss man sich ganz Gott zuwenden. Man muss sich frei machen von allem Unguten, das ist ganz einfach, indem sich der Mensch sagt: „Ich will mit dem Bösen nichts zu tun haben." Alle Gedanken abschalten und die richtige Körperhaltung einnehmen. Aufrecht auf dem Stuhl sitzen. Die Knie voneinander, damit sie sich nicht berühren. Wenn wir der Hilfe Gottes bedürfen, sollten wir uns auf IHN einstellen und auf IHN lauschen. Mein letzter Gedanke vor dem Einstellen ist die Bitte an Gott: „Nun mach' mich ganz stille und rede Du." Die Hände legt man, völlig entspannt wie offene Schalen, die Handflächen nach oben gewandt, auf die Knie als Körpersprache und Symbol der Seele. Wichtig ist, dass man die Gedanken abschaltet und nichts denkt! Wer es noch nicht kann, soll leise Musik spielen und seinem Körper achten; auf das was sich dann tut. Das erleichtert die Konzentration und bringt auch gute Atmosphäre und Schwingung. Hat man diese Voraussetzungen geschaffen, kann Gott in einem wirken. Während oder nach dem Einstellen kommen uns oft überraschende Erkenntnisse. Wir dürfen unsere Fehler und Irrtümer erkennen und erhalten gleichzeitig die Kraft, diese abzulegen. Dankbar erkennen wir, dass durch dieses Einstellen und Empfangen der göttlichen Kraft wir vor vielen Irrtümern bewahrt bleiben. Wir werden heil an Körper, Seele und Geist. Es ist nicht so leicht, wie es sich anhört.

Bruno Gröning sagte: „Sie werden Schüler bleiben, so lange sie leben. Jedoch das werden auch die bleiben, die nicht lernen wollen, ihre geistigen Fähigkeiten kennenzulernen, nur haben sie es schwerer als der Mensch, der alle die Gaben nützt, die Gott sein Vater ihm mitgab.

Gott hat den Menschen gut und gesund geschaffen. So will er ihn auch haben. Ursprünglich waren die Menschen ganz mit Gott verbunden, da war nur Liebe, Harmonie und Gesundheit, es war alles eins.

Aber als der Erste Mensch auf die Stimme, auf die böse, die außerhalb der Einheit sprach, hörte und das getan hat, da zerriss die Verbindung, und seitdem steht Gott hier und dort der Mensch.

Zwischen Gott und den Menschen entstand eine große Kluft. Sie sind auf Ihrem Lebensweg da angekommen, da unten. Ich sage Ihnen: Gehen Sie nicht noch tiefer, sondern ich rufe Sie auf zur Großen Umkehr!"

Wille, Gedanke und Tat

„Nicht was tun, sondern das tun, das richtige tun, das, wozu Gott den Menschen bestimmt hat."

Zu diesem Tun hat Bruno Gröning uns immer wieder aufgefordert. Dann uns vom Bösen abwenden und voll dem Guten uns zuwenden. Auf unsere Gedanken achten und nur Gutes denken; seine Worte dazu: „Wie der Wille, so der Gedanke! Der Gedanke bewegt den Menschen zur Tat!"

Das sind klare Anweisungen unseres Freundes und Lehrmeisters Bruno Gröning. Um Erfolg zu haben, muss man es tatsächlich tun; es in die Tat umsetzen. Wenn ein Mensch sich in den Glauben versetzt: Ich bin schon richtig und gut, es sind die anderen, die falsch liegen, dann wird er so bleiben, wie er ist und auch das behalten, was er hat, da er nicht bereit ist, sich selbst zu ändern. Dies muss der Mensch aber, wenn er etwas erlangen will. Will ich die Gesundheit, die Ordnung, die ja etwas Göttliches ist, so muss ich was tun, um dieses zu erhalten.

Bruno sagt dazu: „Willst Du das Göttliche erleben, so musst Du danach streben!"

Ein praktisches Beispiel: Ich will zu einem Marktplatz, der 1 km entfernt ist. Es nützt mir gar nichts, wenn ich das zu meinem Herzenswunsch mache, darum bitte und bete. Ich werde nie hinkommen, bis ich aufstehe und einen Fuß vor den anderen setze. Nur so werde ich dieses Ziel erreichen, indem ich etwas tue, um es auch zu erreichen. Zur Erreichung des Zieles (Im Beispiel der Marktplatz) muss ich mich in Bewegung setzen. Dies ist das richtige Tun. Sollte mir die Kraft dazu fehlen, so werde ich Gott darum bitten, und ich bin überzeugt, er gibt mir sie, aber bewegen muss ich mich. Tun muss ich es. Was ich tun muss, sagte Bruno Gröning: „Durch Selbstbesinnung zur Selbsterhaltung kommen. Die innere Ordnung wieder herstellen, indem man dem Guten treu bleibt und das Böse verabscheut."

Dies soll der Mensch tun, um wieder in die Göttliche Ordnung zu kommen, um seine Gesundheit zu erhalten. Um die Gesundheit zu behalten, muss ich meinen Nächsten lieben wie mich selbst. Das hört sich so einfach an, und ist doch für uns gar nicht so leicht.

Wer ist unser Nächster? Wissen wir das noch? Das müssen wir ja mal erst wissen, bevor wir helfen, bevor wir zum Tun übergehen. Sonst tun wir wieder irgend etwas, aber nicht das, was Gott für uns bestimmt hat. Wir lebten doch in dem Glauben, mein Mann, mein Kind und mein Nachbar sei mein Nächster. Das stimmt nicht. Mein Nächster ist der Mensch, der in meiner Umgebung, in meiner Reichweite in Not ist. Ihm muss ich helfen oder soll es tun. Das ist das richtige Tun. Im Umkreis eines jeden Menschen gibt es jemand, der Hilfe braucht. Da helfen, das sollen wir tun. Das ist das richtige Tun. Ich möchte an Worte unseres Freundes Bruno Gröning erinnern: „Tun Sie es doch endlich!"

Immer wieder hat er uns zum Tun aufgefordert. Auch bei mir lange Zeit vergeblich. Bis ich eines Tages wieder einen Vortrag von ihm hörte, war schon wieder „beim Schweben", da war die Stimme von Bruno Gröning ganz laut wie Donnerhall: „Tun Sie es doch endlich!" Damals bin ich regelrecht erschrocken, und zum ersten Mal tauchte die Frage bei mir auf: „Was soll ich tun?" So kam ich zur Mitarbeit in diesem Werk, das er gegründet und mit Leben erfüllt hat. So bemühe ich mich seit dieser Zeit, Werkzeug Gottes zu sein und mir und meinem Nächsten zu helfen, so gut ich kann. Vielleicht stoßen sich wieder Freunde daran, dass ich geschrieben habe: „Mir und meinem Nächsten." Mir ist wohlbekannt, dass man sich nicht zuerst nennt in dieser Welt, aber bei Bruno Gröning habe ich gelernt, dass ich zuerst Egoist sein muss, denn nur wer hat, kann geben! Diese wichtigen Lebensweisheiten von ihm sollten wir uns in jeder Gemeinschaftsstunde in Erinnerung rufen. Es sollte in den Gemeinschaftsstunden überhaupt unterlassen werden, über die Fehler der anderen zu sprechen, sondern es sollte immer wieder das gesagt werden, was wir tun sollen. Jeder Mensch weiß selbst, was falsch ist. Nie werde ich vergessen, als ich auf der Suche war, damals wusste ich sehr wohl, dass mir Gott helfen will. Jedoch wusste ich aber genauso gut, dass ich erst die Hilfe erhalte, wenn ich etwas tue. Doch wusste ich nicht, was ich tun musste. Natürlich bin ich zuerst in die Kirche gegangen, und glaubte, da erfahre ich, wie ich sein muss, damit mir Gott hilft. Wie heute kenne ich noch die Predigt, denn ich hatte aufmerksam zugehört. Es hieß, man solle nicht hochmütig sein, und man solle sein Licht aber auch nicht unter den Scheffel stellen. Immer wartete ich, dass jetzt kommt „wie ich sein soll." Aber es kam nicht! Bruno Gröning war der einzige Mensch, der es noch gewusst hat und es auch allen Menschen gesagt hat, wie wir sein sollen: „Vertraue und glaube. Es hilft. Es heilt die Göttliche Kraft. Du hast Dich von Gott abgewendet und hast Dich mit dem Bösen abgegeben, nun musst Du Dich IHM wieder zuwenden. Ich rufe Dich auf zur Großen Umkehr!"

So brachte er uns wieder auf den Göttlichen Weg. Das sollte in jeder Gemeinschaftsstunde erwähnt werden. Das ist unsere Aufgabe. Wir sagen das auch nicht für unseren Nächsten, sondern auch für uns selbst. Wenn man in der Göttlichen Führung ist, dann weiß man, ob man helfen soll oder nicht. Wir sollen gut sein, aber nicht dumm. Ein Mensch, der sich selbst vergisst, ist dumm oder unwissend.

Bruno Gröning: „Ja, wenn Sie sich selbst keine Beachtung schenken, dann können Sie es auch nicht erwarten, dass andere das tun. Sie haben sich selbst außer acht gelassen, und darum konnte sich das Böse bei Ihnen festsetzen!"

Achten wir auf uns. Achten wir auf unseren Geist. Halten wir uns zurück, wenn über unseren Nächsten Ungutes gesprochen wird. Achten wir auf unsere Seele und lassen keinen unguten Gedanken rein, der uns doch nur abbaut, sondern nehmen nur gute auf, die uns helfen. Der erste ungute Gedanke sieht meist ganz harmlos aus, und wenn man ihn rein lässt, dann ist man schon verloren. Wenn es mal nicht so geht, wie wir wollen, dann taucht oft der Gedanke auf: „Es ist alles so sinnlos." Wenn man diesen harmlosen Gesellen herein lässt, dann ist man schon verloren, denn er bringt all unsere Misserfolge wieder in unser Bewusstsein, und das Ende sind Depressionen. Wenn dieser Gedanke bei mir auftaucht, dann lasse ich alles fallen und stelle mich ein, denn durch unseren Lehrmeister weiß ich: Mit Gott kann ich alles, ohne IHN nichts!

Dann finde ich auch eine Lösung, die sinnvoll ist. Achten wir auf unseren Körper. Wohin wir ihn führen, und halten wir in unserem Bewusstsein ganz fest, dass unser Körper ein Göttliches Geschenk ist und wir ihn benötigen für dieses Leben. Wir lernen im Leben und vom Leben.

„Die Glühbirne hat doch erst dann ihre Daseinsberechtigung und hat erst dann einen Wert, wenn sie leuchtet. Und wie kommt dieses überhaupt zustande, dass man die Glühbirne zum Leuchten bringt?

Sie glüht und leuchtet dabei, ja, weil sie den Strom vom Elektrizitätswerk, wo der Strom erzeugt wird, erhält. Stellen Sie sich vor, eigentlich bräuchten Sie es nicht mehr, denn Sie wissen ja selbst, wie es Ihnen zuhause ergangen ist, wenn mit einem Male plötzlich das Licht ausging. Es war irgendein Defekt, entweder hatte die Glühbirne selbst einen Schaden erlitten, dann konnte sie nur noch in den Mülleimer geworfen werden. Aber es konnte auch ebenso gut in der Zuleitung ein Schaden sein, der den Strom zur Glühbirne unterbrochen hatte.

Wenn es nun keine Fachleute mehr geben würde, wenn es jetzt keine Menschen mehr geben würde, die in der Lage sind, diese unterbrochene Stelle wieder herzustellen, die Leitung wieder ganz zu machen, so, dass die Glühbirne ihren Strom wieder ab Werk bezieht, beziehen kann? Im anderen Fall ist die Glühbirne wertlos."

Bruno Gröning am 17.10.1950

Geistige Schulung

Bruno Gröning brachte keine Buchweisheiten, sondern Lebensweisheiten. Mein Sohn hatte Konfirmation und die Verwandtschaft kam zu Besuch. Beim Kaffeetrinken ging es dann los. Eine Nichte fragte: „Warum hast Du das Bild von Bruno Gröning überall?" Ich sagte: „Er ist mein Freund", denn ich wollte an diesem Tag keine Diskussionen. Nun war aber bekannt, wer Bruno Gröning ist, und welche Rolle er in meinem Leben spielte. Wir hatten schon viele Gespräche darüber geführt. Zur Erklärung muss ich noch sagen, sie lebt im Glauben und ist in einer kirchlichen Gemeinschaft, in der sie auch mitarbeitet. Ich war auch schon öfter als Gast in ihrer Gemeinschaft, die gut ist. Nun, mein Weg ist ein anderer, und dies habe ich den Verwandten zu verstehen gegeben, da Bruno Gröning mir gesagt hat: „Jeder soll in der Kirche bleiben, in die er hineingeboren ist, denn viele Wege führen zu Gott!"

Dies geschah vor Jahren. Alle wussten also, das ich nicht zu bekehren bin, weil mir der Mensch Bruno Gröning begegnet war und mir sein Wissen vermittelt hatte, das ich nicht nur glaube, sondern mich überzeugt hatte, dass seine Worte Wahrheit sind. Nun hatte sie sich anscheinend vorgenommen, mir vor der ganzen Verwandtschaft zu beweisen, ich würde an Bruno Gröning glauben und nicht an Jesus Christus. Ihre Fragen gipfelten darin: „Für was Bruno Gröning?" Ich erklärte ihr, dass er mir als Einziger erklärt hatte, wie ich mich Verhalten muss und was ich tun muss, wenn ich zu Gott finden will und Heilung erfahren möchte. Darauf sagte sie: „Das alles hat Christus auch gesagt und bei uns in den Gemeinschaften geschehen auch Heilungen." Sicher ist das so, aber wir hatten es vergessen, und so haben wir das Wissen von Bruno Gröning gebraucht und brauchen es heute noch. Ich habe ihr erklärt, dass ich durch dieses Wissen, das mir Bruno Gröning vermittelt hat, erst wieder den Weg zu Christus fand und auch zu meiner Kirche und auch dort mitarbeite, aber an erster Stelle doch mein Dienen dem Werk von Bruno Gröning gelte. Denn dies sei der Weg, und meinen Gottesdienst halte ich, wenn ich zu Menschen fahre, die in Not sind, so wie ich es war. Ich gebe Zeugnis davon und kann ihnen so Hilfe vermitteln. Meiner Verwandtschaft war dann klar, dass ich an Gott glaube und nicht Bruno Gröning an diese Stelle setzte. Dann habe ich das Gespräch abgebrochen, da es mir unnütz erschien. Wenn ich dies hier schreibe, dann, weil es anderen bestimmt auch so ergeht wie mir, dass man sie anspricht: „Wozu Bruno Gröning? Du brauchst Bruno Gröning nicht, Du hast doch Christus. Oder hast Du Christus doch nicht? Gut, er hat Dir sein Wissen vermittelt, und Du hast es erhalten, aber warum dann weiter Bruno Gröning? Vergiss Bruno Gröning und kehre in die Kirche zurück!" Menschen, die so sprechen, haben von Bruno Gröning und seinem Wirken keine Ahnung und manchmal frage ich mich, ob man sich dort - mit dieser Haltung - nicht gegen Jesus stellt, der ja immerhin seine Jünger aussandte, ohne die es heute keine Christen geben würde.

Auch wird sehr oft gefragt: „Ihr sprecht so viel von Bruno Gröning und so wenig von Jesus Christus?" Dies ist ganz einfach zu erklären: Wir sind keine Sekte oder neue kirchliche Vereinigung. Dennoch greifen wir Jesus und seine Lehre in jeder Stunde auf, alleine schon deswegen, um den Gleichklang zwischen Christus und Gröning heraus zu arbeiten. Dabei stellen wir immer wieder fest, dass Gröning deutlich einfacher zu verstehen ist, da sich die Ausdrucksweise und auch die Bedeutung wichtiger Worte gewandelt hat..

Für uns Freunde ist Bruno Gröning ein echter Christ, denn sein gesamtes Leben bestand darin, die Lehre Christi in die Tat umzusetzen, das zu tun, wozu Gott ihm den Auftrag gab. Es kann nur Unwissenheit oder böser Wille sein, wenn man sagt: Jesus Christus oder Bruno Gröning. Für uns Wissende heißt es Jesus Christus <u>und</u> Bruno Gröning.

Ich bin Schüler von Bruno Gröning. Durch ihn besitze ich all mein Wissen, durch ihn habe ich Segen über Segen erfahren. Durch ihn habe ich Erkenntnisse erhalten, die mir durch meine Geburt, durch meine Bildung und meinen begrenzten Horizont niemals ermöglicht worden wären. Er hat mir die geistige Welt erschlossen mit all ihrer Schönheit, Kraft und Herrlichkeit. Durch ihn liebe ich Gott über alles und Jesus wurde zu meinem geliebten Bruder. Durch ihn habe ich die geistigen Gesetze kennengelernt, sie anzuwenden und mich danach zu verhalten. Ich habe Erfolg, denn ich habe seine Lehre befolgt, und ich befolge sie heute noch. Seine Lehre befolgen heißt: In Göttlicher Führung leben. Seine Lehre ist nicht mit ein paar Worten zu fassen, sie ist nicht in ein Buch zu fassen. Man kann nicht sagen: „So, nun habe ich sein Wissen und ziehe mich zurück." Viele haben das getan und hatten dann auch keinen Erfolg mehr. Nicht, dass sie in die alte Unordnung verfallen sind. Nein, sie hatten aber bald eine neue Unordnung, und die war schlimmer als die alte. Die Lehre Bruno Grönings ist das Leben in der Göttlichen Führung. Er sagte: „Liebet das Leben. Gott! Gott ist überall!"

Diese Menschen, die das Heil an ihrem Körper erfahren, waren immer diese Menschen, die genau gewusst hatten, was sie wollten. Auch seine Worte kann ich nur bezeugen als Wahrheit. Ich habe sehr genau gewusst, was ich wollte. Ich habe gesucht. Wie man so sagt, bin ich von Pontius bis Pilatus gelaufen, um Hilfe zu finden. Keiner konnte mir helfen, auch der Pfarrer nicht. Er war in meinem Haus, und ich habe gefragt: „Was muss ich tun, um wieder in die Ordnung zu kommen?" Er sprach vom Hoffen. Bruno Gröning sagte mal später zu einer Frau, die vom Hoffen sprach: „Hoffen und Harren macht viele zum Narren. Wir wollen dafür Glauben und Vertrauen setzen."

Keiner wusste Rat. Mir wurde später berichtet, dass meine Mutter nach einem Besuch im Krankenhaus gesagt haben soll: „Es wäre das Beste, der Herrgott würde sie zu sich nehmen." Er hat mich zu sich genommen, wenn auch ganz anders, als sie es dachte. Mich hat das nicht gekränkt, denn sie hat es gut gemeint, wie es so viele gut meinen, weil sie es eben nicht besser wissen. Sie sind rat- und tatenlos, wie Bruno sagte. - Hier möchte ich seine Worte verwenden, weil sie am einfachsten und klarsten sind, und es so jeder am besten begreifen wird: „Ja, liebe Freunde, da hat einer dem anderen nicht helfen können, denn er wusste sich keinen Rat, daher konnte er auch nicht zur Tat übergehen. Er war rat- und tatenlos. Schauen Sie Freunde, gerade, wenn der Mensch diese Erkenntnis gesammelt. und dass er jetzt weiß, worum es geht, das heißt, so er zur Selbstkenntnis gekommen ist, dann wird er wissen und dann wird er zu DEM zurückfinden, zu DEM er gehört. Einfach gesagt, nur schwer getan. Von Ihrer Seite aus gesehen, dass er zu Gott gehört! Dass er sich jetzt auf Gott wirklich besinnt, DER für ihn so viel des Guten hat, das er aber in sich aufnehmen muss. So er es tut, ist es gut."

Lesen Sie bitte mit Bedacht jeden Satz! Zum Beispiel den Satzteil: „DER für ihn so viel des Guten hat", so viel des Guten hatte und hat Gott für mich, und er hat es auch für Dich, der Du diese Zeilen liest. Du musst es nur wissen und annehmen! Da ist geistige Schulung notwendig.

Es ist höchste Zeit, dass der Mensch nicht mehr vom Zufall abhängt, sondern zur Besinnung kommt, wer er ist, und wozu er hier auf dieser Erde ist. Dies wird er erkennen, wenn er die geistigen Gesetze anwendet. Nicht nur anhört, sondern in die Tat umsetzt!

Dies ist nur ein winziger, kleiner Teil von Wissen, das ich mir in 25-jähriger Arbeit <1982> erarbeitet und zu eigen gemacht habe, durch die Vermittlung von Bruno Gröning. Ich wär' doch mehr als ein Idiot, wenn ich das alles vergessen würde und wieder zurückginge zu jenen, die damals, als ich Hilfe brauchte, rat- und tatlos waren, die nun aber „alles zu Wissen" vorgeben und alles können. Warum haben sie es nicht gesagt? Da würde ich wieder vor meinem Nächsten stehen und bei leichten Gebrechen sagen: „Das ist das Wetter!" und bei schweren: „Es wäre besser, Gott würde ihn zu sich nehmen." Nein, nie und nimmer! Da gehe ich lieber zu meinem Nächsten und sage: Egal was Du hast, Gott kann Dir helfen, Er hat mir geholfen, und ich kann Dir erklären, wie Du Dich verhalten musst. Ich stehe nicht mit leeren Händen da, wenn einer sein Leid klagt. Meine Hände sind voller Kraft, voll der Göttlichen Heilkraft, die ich täglich empfange und weitergeben kann.

Das ist ein Geschenk Gottes, und ich danke ihm dafür. Auch danke ich Gott, dass er mir in meiner Not Bruno Gröning geschickt hat als Lehrmeister. Ich sehe keine Veranlassung, meinen Lehrmeister zu wechseln, denn ich habe noch viel zu lernen. Ich mache mir keine Gedanken über die Rangordnung im

Himmel, und ich glaube, meine Einstellung ist richtig, denn es steht geschrieben: „Du sollst Dir kein Bildnis machen von dem, da oben im Himmel." Ich denke, wenn ich mal dort bin, dann werde ich es schon wissen.

Für mich ist jetzt allein wichtig, mich hier zu bewähren und hier Ordnung zu halten: In meinem Körper und in meinem Leben. Wer nicht mehr vom Zufall, von dem, was ihm zufällt, abhängig sein will, wer sich auf sich selbst besinnen will, wer wieder zu einem natürlichen, ordentlichen Leben zurückfinden will, weil er erkennt, er fühlt sich in der Unordnung nicht mehr wohl, der soll zu uns kommen. Den können wir etwas lehren, denn wir haben es erlebt und erfahren und können darüber Zeugnis geben.

Dies ist unsere Aufgabe, das haben wir gelernt. Wir kamen aus der Unordnung durch die Lehre von Bruno Gröning zur Ordnung. Wir brauchen nur die Wahrheit zu berichten, und das tun wir. Wichtig ist hierzu der nochmalige Hinweis auf den Sinn der Gemeinschaftsstunde

Über den Sinn der Gemeinschaftsstunden

Wenn wir Freunde zusammenkommen, zur Gemeinschaftsstunde, so ist das sehr wichtig für uns alle, denn wir besinnen uns wieder auf uns selbst, und wir richten unser Tun und Lassen wieder an den Worten unseres Freundes und Lehrmeisters Bruno Gröning aus.

Wir begeben uns wieder in die Ruhe und nehmen bei guter Musik die Göttliche Kraft im Kreis der Freunde auf.

Dies ist sehr wichtig. Es sagt denn doch unser Freund: Die Ruhe ist Gott selbst!

Wir alle haben erlebt, dass es die Wahrheit ist, dass er uns lehrte, nur aus der Ruhe heraus zu handeln.

Nur so gibt es ein gutes Ergebnis. Viele Erfolgsberichte bestätigen, dass, wenn Menschen die Ruhe in sich spürten, die Hilfe einsetzte.

Bruno Gröning sagte einmal in einem Vortrag: „Wenn die Menschen wüssten, welcher Reichtum im geistigen Wissen verborgen ist, dann würden sie sich darum reißen, um mehr zu lernen, doch sie wissen es leider nicht."

Wort für Wort weiß ich diesen Vortrag leider nicht mehr, doch ein Beispiel, das er anführte, weiß ich noch genau: Er erklärte uns, dass Menschen alles lernen: sitzen, laufen, essen, sprechen. Sie gehen zur Schule, und jedem ist klar, dass das Lernen sehr wichtig ist. Leider ist es den Menschen aber nicht klar, dass man im Geistigen auch lernen muss. Keiner weiß, wie wichtig es ist, dass er sich selbst kennenlernt. So hat er uns oft in seinen Vorträgen zugerufen: „Mensch, erkenne Dich selbst!" Viele wissen nicht, was das Leben ist. Wozu sie hier auf dieser Erde sind. Wozu Gott ihnen einen so unglaublich wundervollen Körper gegeben hat. Sie gehen damit um, als könnten sie sich jeden Tag einen neuen Körper kaufen. Dabei ist er doch ein Göttliches Geschenk. Jedoch, wer weiß das noch oder macht sich Gedanken darüber? Erst wenn dieser Körper nicht mehr funktioniert, wenn er nicht mehr in Ordnung ist, wenn keine menschliche Hilfe mehr in Sicht ist, dann besinnt sich der Mensch wieder auf seinen Ursprung, und in seiner Not ruft er zu Gott! Gott hilft ihnen immer wieder und sendet Menschen, die geistiges Wissen haben, welche die geistigen Gesetze kennen und den Menschen belehren, damit er diese Hilfe erhält. So war es bei Bruno Gröning. Weltweit hat er mit seinem Wirken Aufsehen erregt. Jedoch nur wenige leben nach seiner Lehre. Doch die es tun, sind gesegnet, denn sie sind nicht mehr vom Zufall abhängig, sie kennen geistige Gesetze und wenden sie an und erhalten so Hilfe in allen Lebenslagen. Statt Angst haben sie Gottvertrauen. Entscheidungen treffen sie in Ruhe, und so sind ihre Entscheidungen richtig. Sie wissen, kein Mensch ist mehr als der andere und keiner ist weniger. Wir sind alle Gottes Schöpfungen. So ist es uns selbstverständlich, dass einer dem anderen hilft, denn sie wissen um die Worte von Bruno Gröning: „Einer hilft dem anderen! Uns allen hilft Gott!"

Sie sprechen nicht nur vom Guten, sondern sie leben es. So lernen ihre Kinder von klein auf diese Gottverbundenheit und dieses Gottvertrauen. Vor allem lernen die Kinder von den Freunden Bruno Grönings, dass jeder Mensch seinen freien Willen von Gott erhalten hat und niemand das Recht hat, ihm diesen freien Willen zu nehmen. Bruno Gröning hat gesagt: „Sie sollen mir nicht glauben, sondern sie sollen sich von der Wahrheit meiner Worte überzeugen."

Es war nicht immer leicht, ihn gleich zu verstehen. Stellen Sie sich vor: Es steht ein Mann vor Ihnen und hält einen Vortrag über ein Gebiet, über das Sie nichts oder nur wenig wissen. Sie hören gebannt zu, und dann sagt dieser Mann: „Sie sollen mir nicht glauben, Sie sollen sich überzeugen. Das Gute kann man nur mit Taten beweisen. Lasst Taten sprechen. Ursache gleich Wirkung!"

Er zeigt auch den Weg dazu, wie man sich überzeugen kann. Er erklärte uns: „Achten Sie in Zukunft auf das, was Sie tun und sagen. Sprechen Sie Gutes: dann fühlen Sie sich wohl. Sprechen Sie Böses, von Krankheit oder Streit: Dann fühlen Sie sich unwohl."

So gab er uns viele Hinweise und immer stimmte es. Überzeugen auch Sie sich. Sie brauchen nur einmal auf Ihre Mitmenschen zu achten. Ein Mensch, der aus der Ruhe heraus was sagt und Verständnisbereitschaft für seinen Nächsten hat, wird immer die Verantwortung für sein Tun und Handeln tragen können. Handelt aber einer aus Zorn oder sonstigen niedrigen Gefühlen, dem tut es bald leid, was er getan hat. Schade, dass so wenige Menschen die Worte von Bruno Gröning kennen und beherzigen. Wäre es anders, dann wäre die Jugend nicht so gefährdet und würde nicht auf jeden Guru reinfallen. Wo haben die Anhänger von jenen noch einen freien Willen? Schon daran würde ein Mensch, der nur ein ganz klein wenig geistiges Wissen hat, erkennen, aus welcher Richtung diese kommen. Er würde sie meiden. Auf keinen Fall würde er sich erniedrigen lassen. Alle geistigen Bücher, die gut sind, egal ob sie aus Amerika oder Indien oder sonst woher kommen, wenn sie das erste geistige Gesetz anerkennen: „Der Mensch hat seinen freien Willen." Auch der Mensch mit geistigem Wissen kann einem Irrtum verfallen und etwas falsch machen. Jedoch erkennt er dieses im Kreis der Freunde, wenn er sich an den Gemeinschaftsstunden beteiligt. Dies ist der Sinn der Gemeinschaft; dass wir handeln nach den Worten unseres Lehrmeisters Bruno Gröning: „Einer hilft dem anderen, und uns allen hilft Gott. Sehen Sie, Sie brauchen es für mich nicht zu tun, nur eines was Sie tun, wenn Sie schon und wie Sie schon dieser Gemeinschaft angehören, dass Sie auch wirklich dabei sind. Wenn Sie eine Gemeinschaftsstunde versäumen, die holen Sie nicht mehr nach, die ist Ihnen verloren gegangen, es fehlt. Und wenn Sie wiederholt die Stunde versäumen - überhaupt! Und wenn Sie jetzt täglich, das heißt nicht täglich, sondern, ab und zu am Tage vergessen, die gute Kraft aufzunehmen, wo Sie doch wissen müssten, dass Sie die Kraft verloren, dass Sie Kraft abgegeben haben, dass Sie Energien nötig haben, für Ihren Beruf, für Ihre Tätigkeit, für den ganzen Tag. Da müssen Sie doch wieder für Reserven sorgen, das heißt zumindest, das wieder aufnehmen, was Sie tagsüber ausgegeben haben."

Nicht verlangen,
sondern erlangen!

Bruno Gröning: „Glauben Sie mir, diese Menschen, die gesund wurden, haben ganz genau gewusst, was sie wollten, und sie haben es bekommen."

Das stimmt. Ich bin so ein Mensch, der die Ordnung im Körper zurückerhielt. Es stimmt, dass ich genau wusste, was ich wollte und alles dazu tat, was von meiner Seite aus möglich war, die Gesundheit zu erhalten. Meine Heilung war Gnade und nicht eigener Verdienst. Deshalb weiß ich auch, dass jeder das Gleiche erhalten kann wie ich, die vollkommene Ordnung im Körper.

Dies formulierte Bruno Gröning so: „Geht zum Heiland, dort erhaltet Ihr Euer Heil, Eure Gesundheit!"

Nun habe ich aber im Laufe der Zeit erlebt und gesehen, dass Menschen den Weg gehen und Erfolg haben, aber auf einmal ist es aus. Es tritt ein Stillstand ein. Man kann es nicht begreifen. Sie glauben, sie bejahen die Lehre, sie kennen und verstehen sie, ja sie vermitteln sie auch anderen, und diese anderen werden vollkommen frei von den Belastungen, aber bei ihnen geht es einfach nicht mehr weiter. Sie verstehen es selbst nicht und fragen: „Warum ist es bei mir so?" Es wurden ihnen aber die Worte gesagt: „Nicht verlangen, sondern erlangen."

D.h., sie müssen etwas dazu tun. Aber was? Gut sind sie, glauben tun sie, vertrauen tun sie. Was sollen sie noch tun? Warum, wozu, weshalb ist das so bei ihnen? Lauter Fragen, und Bruno Gröning ist leider mit seinem Körper nicht mehr hier, so dass ich fragen könnte und gleich Antwort bekäme. Aber Gott gibt uns Beantwortung auf unsere Fragen. Er lässt uns Erkenntnisse gewinnen und Zusammenhänge erkennen. Bruno Gröning hat oft in seinen Vorträgen das Empfangen vom Göttlichen Heilstrom mit Radiowellen verglichen.

Er sagte: „Wenn Sie einen bestimmten Sender empfangen wollen, so müssen Sie ihn einstellen und je besser Sie ihn einstellen, um so besser wird der Empfang sein. Wenn Sie den Göttlichen Heilstrom empfangen wollen, so müssen Sie sich auf ihn einstellen!"

Diese Arbeit, das Einstellen, hat jeder Mensch für sich tun müssen, das hat Bruno Gröning keinem abgenommen.

Seine Worte waren: „Ich stehe vor Ihnen wie ein Transformator, der Ihnen diesen Göttlichen Heilstrom vermittelt. Ich bin dabei, ich sende immer. Es kommt auf Sie an, ob Sie empfangen, ob Sie sich einschalten."

Es muss am Einstellen bei diesen Menschen liegen, dass sie nicht erhalten, was sie doch so nötig brauchen, ihre vollkommene Gesundheit. Gott will, dass seine Kinder ohne Belastung sind, und der Transformator sendet immer, also kann es nur an diesen Menschen liegen, an ihrer geistigen Einstellung. Sie schalten sich wohl ein, nun frage ich mich: „Wissen sie auch, was sie brauchen, was sie empfangen wollen? Haben sie ein Ziel? Und kennen sie es? Glauben sie, dass sie dieses Ziel erreichen können? Arbeiten sie an sich und an ihrer geistigen Einstellung täglich mit aller Kraft und Energie?" Wir alle, die wir uns nun schon jahrelang bemühen, in der Göttlichen Führung zu leben, wissen, dass die Beseitigung der Unordnung im Körper nur ein Gebiet ist, und dass es keinen Bereich in unserem Leben gibt, der nicht mit einbezogen wird in diese Göttliche Führung. Im Vergleich mit dem Radio würde das heißen: Unser Radiogerät vermittelt uns nicht nur die Heilkraft, sondern auch Erkenntnisse. Wir bekommen Antwort auf Fragen, die wir stellen. Es zeigt uns Wege aus Schwierigkeiten für uns und andere Freunde. Also erhalten und empfangen wir wirklich das, um was wir bitten und auf das wir uns einstellen. Einschalten ist wichtig, aber genauso wichtig ist es zu wissen, was wir benötigen, um was wir bitten. Auf dieses müssen wir uns einstellen, und das werden wir bekommen.

Schaltet jemand sein Radio ein und wählt keinen bestimmten Sender aus, so wird er das empfangen, was eben gerade gesendet wird. Vielleicht hört er schöne Musik. Das ist ihm angenehm, und er fühlt sich wohl, aber es wird ihn nicht weiterbringen, wenn er lernen will. Da muss er schon am Knopf drehen und den Sender wählen, der über das Thema spricht, das ihn interessiert, und da wird er dann lernen, und es wird ihn weiterbringen.

Erlangen heißt: An sich selbst weiter zu arbeiten, bis man die richtige Einstellung gefunden hat, um das zu erlangen, was man sich wünscht. Zuerst Egoist sein; denn nur wenn ein Mensch selbst in Ordnung ist, kann er anderen wirklich helfen. Diesen Rat von Bruno Gröning möchte ich den Menschen, die noch nicht vollkommen von den Belastungen befreit sind, in Erinnerung bringen.

Seid Egoisten, bis ihr von den Belastungen befreit seid. Überprüft Eure Gedanken, ob ihr nicht in falschen Begriffen, die Euch überliefert wurden, gefangen seid und deshalb nicht weiter kommt. Falsche Bescheidenheit ist auch eine Einstellung, die viele Menschen haben. Auf meine Frage an einen Freund, warum er nicht weitere Fortschritte habe, bekam ich die Antwort: „Bruno hat gesagt: Nicht verlangen, sondern erlangen." Das sagte derjenige so zufrieden, es klang ungefähr so wie: „Ich bin halt gut und bescheiden und kann warten. Ich dränge mich nicht vor, und so Gott will, werde ich die Ordnung im Körper zurückerhalten." Ich fühlte damals, da stimmt etwas nicht. Da ich nun wirklich ein Mensch bin, der nicht bescheiden ist und mir hole, was ich brauche und auch auf ein Ziel losgehe, ohne nach rechts oder links zu schauen, musste ich diese Worte erst einmal verdauen und durchdenken. Gott will, dass seine Kinder gesund und glücklich sind. Davon bin ich felsenfest überzeugt. Das will jede menschliche Mutter für ihr Kind. Also, da braucht man nicht zu warten, Gott ist da zu jeder Zeit und immer bereit zu helfen. Bescheidenheit, das heißt: Abwarten, wenn etwas verteilt wird, bis man an die „Reihe" kommt. Aber das ist hier doch gar nicht notwendig, denn durch Bruno wissen wir doch, der Göttliche Heilstrom liegt in der Luft, und wir brauchen ihn uns nur selbst zu holen. Er ist im Überfluss vorhanden. Wir haben auch gelernt, dass er umso stärker fließt, je mehr Menschen sich zusammenfinden, um ihn zu empfangen. Deshalb kommen wir ja auch zusammen in Gemeinschaften. Bruno hat uns doch immer aufgefordert, uns die Kraft zu holen. In dem Lied von dem Strom heißt es: „Wen dürstet, der komme und trinke sich satt, so rufet der Geist und die Braut." Nie hat er uns zum Abwarten aufgefordert, aber immer zum Tun. So sagte er oft: „Ich habe Ihnen so viel zu wissen gegeben, nun tun Sie es auch."

In einem Bild gesprochen, man stelle sich vor: Bruno hätte uns eine Tafel gedeckt, auf der alles vorhanden ist in verschwenderischer Fülle und uns zum Essen eingeladen. Nach dem Essen wende ich mich an meinen Nachbarn und sage: „Das war gut, ich bin satt," und frage nun: „Warum bist Du nicht satt?" Da gibt der zur Antwort: „Meinen größten Hunger habe ich gestillt, aber ich bin gut und bescheiden und warte jetzt ab." Ich frage mich, auf was wartet er denn so bescheiden? Soll man ihn füttern? Der Tisch Gottes ist gedeckt und jeder, auch wirklich jeder, der sein Kind ist, kann sich dort immer holen, was er braucht und wünscht. Dieser bescheidene und „gute" Mensch wird nie sein Heil erlangen, wenn er nicht seine geistige Einstellung zu Gott ändert und erkennt: Gott ist mein Vater, ich bin Sein Kind, der Tisch ist gedeckt, Bruno hat zum Essen gerufen, aber essen muss ich selbst. - Erlangen heißt niemals abwarten. Es heißt weitergehen auf dem Weg, arbeiten an sich selbst, bis man die richtige Einstellung gefunden hat.- Solange ein Mensch nicht die vollkommene Göttliche Ordnung in seinem Körper hat, muss er an sich arbeiten und diese Ordnung herstellen. Auch wenn er die vollkommene Ordnung hat, wird er immer weiter an sich arbeiten müssen und Wissen erwerben. Schüler sind gezwungen zu lernen, sonst kommen sie nicht weiter. Das geht auch aus den folgenden Worten Bruno Grönings klar hervor: „Ihr werdet Schüler bleiben, so lange Ihr lebt."

Es gibt auch Menschen, die in der Lehre leben, stehen bleiben und denken: Ich bin schon gut und richtig, wenn die anderen auch so sind, dann wäre es gut. Diese Worte hörte ich auch einmal von einem Menschen, der große Erfolge hatte, aber schon jahrelang trotz aller Bemühungen nicht seine vollkommene Ordnung bekommen hatte. Dieser besuchte langjährig, treu und regelmäßig die Gemeinschaftsstunden und kam doch nicht weiter. Auch diese Menschen warten ab. Sie nehmen an, alles getan zu haben und warten auf ein Wunder. Auch sie werden wahrscheinlich vergebens warten. Da der Geist es ist, der den Körper formt, darf man sich geistig keinen Stillstand erlauben. Die Menschen, die von sich glauben, sie seien schon gut, werden nichts mehr erlangen, denn sie tun nichts mehr dazu. Erlangen heißt auch, etwas dazu beitragen. Überprüfen Sie Ihre Einstellung, Ihre Gedanken und Ihr Tun und Handeln! „Man muss säen, bevor man ernten kann." Wenn Du bei den anderen Worten Bruno Grönings ankommst: „Erlangen, nicht verlangen, so heißt das: Willst Du das Göttliche erleben, so musst Du danach streben."

Dieses Streben führt zum Erlangen, nicht abwarten, sondern sich richtig verhalten.

Nicht irgendetwas tun, sondern das Richtige tun, das, was Gott von uns erwartet. Wenn ich Hilfe erhalten habe, dann danke ich. Ich bin felsenfest davon überzeugt, dass ich alles erhalte, worum ich bitte, soweit es für mich gut ist und anderen nicht schadet.

Gott will auch, dass Du, der Du diese Zeilen liest, gesund bist. Bist Du es noch nicht, dann liegt der Fehler bei Dir, dann musst Du etwas dazu tun. Niemand kann Dir sagen, was Du tun musst.

Ich kann dir nur sagen: „Stelle Dich ein, frage Deinen Vater! Er ist allwissend und lasst es Dich zur rechten Zeit erkennen." Gott lässt uns vollkommene Freiheit. Haben wir uns alle Wege verbaut, dann sendet er uns Seine Boten, die uns die Wahrheit sagen und uns auffordern, das Richtige zu tun. Auch Seine Boten zwingen uns nicht. Es wird uns unserem freien Willen überlassen, ob wir folgen wollen oder nicht. Gott sieht sogar zu, wenn wir uns zugrunde richten, und gegen unseren Willen greift Er nicht ein.

Nie wird Dir Gott etwas aufzwingen, auch nicht das Gute. Willst Du es? Mach es zu Deinem Herzenswunsch! Du erhältst es!

...auf den Weg gegeben

Bist Du auf dem Weg, so gehe weiter!
Bleibe nicht stehen. Warte nicht ab.
Suche, frage, forsche, bete!
Bleibe im Gespräch mit Deinem Vater!
Setze Dir ein Ziel:
Die Ordnung in Deinem Körper!
Die Ordnung in Deinem Leben!
Mache Dein Ziel zu Deinem Herzenswunsch!
Verwende alle Deine Zeit! Deine Kraft!
Deine Energie dazu: Dieses Ziel zu erreichen!
Lasse Dich durch nichts abbringen!
Lasse Dich durch Niemand davon abbringen!
Kümmere Dich nicht um andere Probleme!
Seien sie auch noch so wichtig und so gut!-
Besinne Dich!
Bis zur Erreichung Deines Ziels sei ein Egoist!
Nimm alle Kraft auf, die Du bekommst!
Lasse alle Kraft auf Dich wirken!
Verwende sie, um die Ordnung in Dir wieder herzustellen!
Je stärker Du wirst,
desto besser kannst Du helfen!
Wenn Du Dein Ziel erreicht hast:
Leiste anderen Beistand!

Anneliese Bollack

Der göttliche Heilstrom

Es hilft, Es heilt, die Göttliche Kraft. Dies sind Worte von Bruno Gröning, die er oft gebrauchte, die er uns auf Bilder und Folien schrieb. Diese Göttliche Kraft hat er uns auch vermittelt und uns gelehrt, wie wir diese Göttliche Kraft schöpfen können. Dieses die Menschen zu lehren war Bruno Grönings Auftrag, den er von Gott erhalten hatte!

In allen seinen Vorträgen hat er von dieser Kraft gesprochen, von dieser Göttlichen Kraft, die er „Heilstrom" nannte. Sehr oft hat er diese Kraft am Beispiel der Elektrizität erklärt. Den elektrischen Strom sieht man auch nicht, man erlebt nur seine Auswirkungen, z.B. sieht man Licht oder hört Radio, wenn man das Gerät einschaltet. Genauso ist es auch mit dem Göttlichen Heilstrom. Man sieht ihn nicht, aber wenn man sich darauf einstellt, ihn zu empfangen, dann spürt man die Auswirkungen. Die Göttliche Kraft fängt im menschlichen Körper an zu wirken und macht den Menschen frei. Er bekommt Kraft und wird gesund an Körper, Seele und Geist. Voraussetzung ist, dass man den Geist auf Empfang schaltet.

Der Geist muss den Körper beherrschen und nicht der Körper den Geist, denn der Körper ist ja nur die Wohnung des Geistes und der Seele. Trotzdem er nur die Wohnung ist, ist er auf dieser Welt das Wichtigste, oder er sollte es wenigstens sein. Der Körper ist ein Geschenk Gottes. Außerdem müssen wir in ihm leben, so lange wir hier auf dieser Erde sind. Niemand von uns weiß, wie lange er in ihm leben wird. Darum sollen wir die größte Sorgfalt darauf verwenden und ihn in Ordnung halten. Das bedeutet für uns, auf unseren Körper zu achten, dass er gesund bleibt. Leider tun dies viele Menschen nicht. Sie gehen mit ihrem Körper um, als wenn sie sich jeden Tag einen neuen kaufen könnten. Auf ihr Auto und ihre Möbel passen sie mehr auf als auf ihren Körper. Dabei können sie jene wieder erwerben. Haben sie einen Fleck oder Schaden an ihrer Bekleidung, so werden sie diesen beheben und darauf achten, dass man nicht sieht, dass ein Makel daran war. Auch in diesem Punkt handeln die Menschen an ihrem Körper anders. Haben sie ein Gebrechen, dann sind sie darum bemüht, dass recht viele Menschen davon erfahren. Sie reden von ihrer Belastung. Obwohl es doch für niemanden angenehm sein kann, wenn sie eine Belastung (sprich: Krankheit) haben. Ebenso wenig ist es den Menschen, welchen sie diese anvertrauen angenehm. Kein guter und anständiger Mensch wird sich freuen, wenn ein anderer ein Leid hat.

Es wäre doch sinnvoller, der Mensch würde den Schaden an seinem Körper beheben lassen und dann die ganze Angelegenheit vergessen, da sie doch jedem unangenehm ist. Am schwersten ist es, mit den Menschen umzugehen, die da sagen: „Man kann nichts machen, das ist unheilbar." Viele Krankheiten sind heute heilbar, und die Menschen vergessen, dass diese vor fünfzig Jahren noch als unheilbar galten. Es gibt also nichts Unheilbares, sondern höchstens zur Zeit noch nicht Heilbares in der Medizin. Gehen wir noch einmal zu dem Vergleich mit der Wohnung zurück. Hat jemand einen Schaden an seiner Wohnung, regnet es rein oder fällt eine Tür oder ein Fenster aus, dann wird man sich nie damit abfinden, wenn man ihnen sagt, das kann man nicht machen. Wenn niemand die Reparatur machen kann, dann wird er sich an das Werk wenden oder an den Bauherrn, der die Wohnung erbaut hat. Er wird sich sagen: „Der hat es ja gebaut und so weiß er auch, was nun zu tun ist und wird für Abhilfe sorgen." Bei materiellen Sachen wird das jeder Mensch tun. Bei seinem Körper tut er es nicht. Sagt ihm der Arzt „unheilbar", dann gibt er auf. Dann findet er sich damit ab. Das ist doch unlogisch und damit dumm. Der Arzt hat doch den Körper nicht hergestellt, er ist auch nicht fähig, einen solchen herzustellen. Wieso nimmt man sein Urteil, seine Erkenntnis an und findet sich damit ab?

Den Körper haben wir von Gott und wenn uns kein Mensch mehr helfen kann, Gott kann es, denn er ist der Allmächtige. An Ihn müssen wir uns wenden. Er kann uns helfen und hilft uns auch. Wir müssen Ihn nur darum bitten und sich Ihm zuwenden, das bedeutet „umkehren", wie Bruno Gröning uns sagte.

Hier will ich aber besonders von dem Heilstrom berichten, der den menschlichen Körper wieder in die Göttliche Ordnung zurückbringt; in die Gesundheit. Dieser Göttliche Heilstrom liegt in der Luft, ähnlich den Radio- und Fernsehwellen, die wir ja auch nicht sehen, aber trotzdem mit einer Antenne empfangen können. So ist es auch mit dem Heilstrom, den alle Geschöpfe empfangen können.

Die Antenne hierfür lautet „Glauben und Vertrauen."

Dies sind die zwei Worte, die uns Bruno Gröning in Herz und Sinn so tief eingemeißelt hat, dass wir sie nicht mehr vergessen. Wie ich nun das Radio auf das Programm, das ich hören will, einstellen muss, so muss ich mich bittend auf das einstellen, was ich von Gott empfangen will. Ich muss meinen Körper zur Ruhe bringen, mich ruhig hinsetzen, und da ich etwas empfangen will, werde ich die Hände öffnen und Gott um die Gesundheit bitten und mit Ihm sprechen. Ich werde bitten:

„Mach' mich still und rede Du!" Wenn ich meine Bitte gesagt habe, dann werde ich ganz ruhig sein. Nun beobachte ich meinen Körper und das, was geschieht. Manche Menschen spüren dann ein Prickeln, wie wenn sie eine leichten Strom erhalten, nicht schmerzhaft, sondern angenehm. Jeder Mensch ist anders, so werden die Reaktionen bei jedem anders sein. Darüber an anderer Stelle mehr. Wie auch immer, der Mensch wird merken, dass die Göttliche Kraft am Wirken ist. Dies alles, was ich hier schreibe und Ihnen mitteile, habe ich durch Bruno Gröning selbst gelernt. Er hat mir den Weg gezeigt und mir in seinen Vorträgen diese Kraft verständlich gemacht. Es sind nicht genau seine Worte, da es kein Vortrag von ihm ist, aber alles, was ich über den Göttlichen Heilstrom weiß und überhaupt alles, was ich über die geistige Heilung weiß, habe ich von ihm gelernt. Die Erfahrungen und Erfolge konnte ich nur machen durch das Wissen, welches er mir vermittelt hat.

Er sagte: „Es ist nichts Neues, was ich Euch lehre, sondern Ihr Menschen von heute habt es nur vergessen."

Als das Wissen vom Göttlichen Heilstrom in mir lebendig wurde, fand ich diesen überall. Nicht so klar, wie er ihn mir gezeigt hatte, sondern immer nur Teile und Bruchstücke, dennoch, jetzt verstand ich auf einmal alles. Auch in den Fragmenten war alles enthalten. Nur weil ich mein Wissen von Bruno Gröning hatte, konnte ich begreifen und verstehen. Was er mir in unzähligen Vorträgen vermittelt hat ist für mich der Grundstock, das Fundament. Durch dieses Wissen bekam alles einen Sinn, und es wurde mir alles klar. Ich weiß auch, dass das hier Geschriebene nur Stückwerk ist und kurz zusammengefasst ist. Wenn ich trotzdem schreibe, dann nur um die Gelegenheit zu ergreifen auch Ihnen zu verdeutlichen, was Sie lernen können: die Göttliche Kraft zu schöpfen und den Göttlichen Heilstrom zu empfangen.

Dem Menschen, der gesagt bekam: "Unheilbar", möchte ich mit diesen Zeilen sagen: „Es gibt doch noch einen Weg und noch eine Instanz, bei der Du Dein Heil suchen und finden kannst! Mache Dich auf den Weg, den Bruno Gröning uns gezeigt und erklärt hat. Wir, die wir uns „seine Freunde" nennen, werden die dabei bedingungslos helfen."

Je weiter der Mensch sich von Gott abgewandt, wissend und unwissend, je weniger Leben steckt in seinem Körper.

So, dass kaum noch so viel Leben drin war, dass die Organe kaum noch reagierten. Nicht mehr mit voller Kraft konnte er durchs Leben gehen. Er ist von der Kraftquelle abgekommen. Er hat zu guter Letzt die Verbindung zur großen Kraftquelle gänzlich verloren. Er hat die Kraft Gottes nicht mehr in sich aufnehmen können.

Und so wurde er, d.h. sein Körper, zu einem Wrack.

Wisse

Wisse das es den Heilstrom gibt,
dass Du diesen immer, überall schöpfen kannst,
wann immer Du willst,
dass Christus auferstanden ist,
dass Er bei uns ist alle Tage bis an das Ende der Welt,
dass Du Ihn also jeden Tag und jederzeit rufen kannst,
wenn Du Seine Hilfe brauchst,
dass CHRISTUS gesagt hat:
„Wenn zwei oder drei in Meinem Namen beisammen sind, da
bin Ich mitten unter ihnen."
dass bei Markus geschrieben steht:
„Alle Dinge sind möglich dem, der da glaubt."
dass Bruno Gröning gesagt hat:
„Glaube und vertraue.
Es hilft, Es heilt die Göttliche Kraft."

Anneliese Bollack

Die Umkehr

Bruno Gröning hat uns zur Großen Umkehr aufgerufen. Wir sind auch diesen, seinen Worten gefolgt. Wenn ich es mir aufrichtig überlege, dann sind wir dies, ohne es zu merken und ohne es zu wissen, was er damit meinte. Mir fiel damals nur auf, dass er nie etwas verboten hatte. Nie ging er ins Detail, sondern sprach immer nur davon:

„Wenden Sie sich ab von dem Bösen und wenden Sie sich voll dem Göttlichen zu! Wollen Sie das Gute, nehmen Sie nur gute Gedanken auf, und tun Sie auch das Gute!

Der Mensch handelt nach seinem Willen, wie der Wille, so der Gedanke. Der Gedanke bewegt den Menschen zur Tat!"

Er erklärte uns in vielen seiner Vorträge, dass Gedanken Kräfte sind. Soll etwas entstehen, so muss erstens der Wunsch vorhanden sein. Danach der Wille, es Wahrheit werden zu lassen; es folgt dann die Idee, die kommt. Nun zieht man die Gedanken an, mit denen man sich beschäftigt. Bruno Gröning sagte: „Ein Gedanke zieht gleichartige an."

Ein Beispiel aus dem Materiellen. Ein Mensch hat den Wunsch und den Willen, sich ein Haus zu bauen. Also nimmt er Gedanken auf, wie und was er tun muss, um sein Ziel zu erreichen. In Gedanken stellt er sich das Haus vor, wie es aussehen und wie es eingeteilt werden soll usw. Alles, was mit Häuserbau zu tun hat, wird ihn nun interessieren. Bis er eines Tages zum Architekten geht und sich den Plan machen lässt und somit seinen Willen und seine Gedanken in die Tat umsetzt.

So sollte sich auch der Mensch verhalten, wenn er das Gute, das ist ja seine Gesundheit, erhalten will. Zuerst muss der Wunsch und der Wille zur Gesundheit vorhanden sein. Dieses haben noch die meisten Menschen. Danach müssten sie ihren Wunsch und Willen in der Idee festhalten, aber da handeln die meisten schon falsch. Sie halten nicht die Idee, die Gesundheit, fest, sondern halten das Böse fest, die Krankheit. Sagt man ihnen das, dann fragen sie: „Wie soll ich gesund denken, wenn ich doch Krankheit habe?" Der Mann hat ja auch kein Haus, aber er will ein Haus. So setzt er sich dieses zum Ziel und geht auf dieses Ziel los. Er fragt diejenigen, die Häuser haben, wie sie es erreicht haben, und so findet er Mittel und Wege, wie er es erreichen kann. Würde er sich hinsetzen und denken: Ich habe kein Haus und die beneiden, die eines haben, dann würde er selber nie eines bekommen. Bruno wusste, dass wir Belastungen (Krankheit) hatten, er wusste, dass wir die Unordnung in und um uns hatten. Doch all dieses Böse wollten wir doch nur los werden!

Darum sein Aufruf zur Umkehr: „Sie wollen das Böse doch loswerden, dann schenken sie ihm auch keine Gedanken mehr! Befassen Sie sich nicht mehr damit! Denken Sie nur noch Gutes, Schönes, und Sie werden es erhalten, mit dem Sie sich beschäftigen! Sprechen Sie nicht mehr von der Krankheit! Sie haben es oft genug getan, und sind sie doch nicht losgeworden! Sprechen Sie von der Gesundheit, vom Guten und wenden Sie sich dem Guten zu, und das Gute ist Gott!"

Wir sollen also unsere Gedanken nicht auf das richten, was wir haben, sondern auf das, was wir wollen. Natürlich soll der Mensch nicht lügen. Wenn man ihn fragt: „Wie geht es Dir jetzt?" so soll er sagen, was er jetzt in diesem Moment fühlt.

Dieser Moment ist doch die Gegenwart, ja, das ist sein Leben, jetzt der Augenblick.

Bruno Gröning sagte: „Ja, wenn Sie das Jetzt, den Augenblick, außer acht stellen, dann leben Sie ja gar nicht Ihr Leben, nein, dann leben Sie ja die Vergangenheit. Oder, wenn Sie sagen: Ich weiß nicht, ob das so bleibt, dann leben Sie die Zukunft. Wenn Sie jetzt in diesem Augenblick sich wohl fühlen, dann sagen Sie es doch, sagen Sie sich: Das ist ein gutes, schönes Gefühl, das will ich behalten. So bestimmen Sie ihre Zukunft."

Achten Sie darauf und überzeugen Sie sich selbst von dem, was Bruno Gröning gesagt hat.

Wenn Sie einen Menschen fragen, wie es ihm geht, wird er Ihnen berichten, was für eine schlechte Nacht er diese Woche gehabt hat, oder sonst ein unangenehmes Erlebnis aus seiner Vergangenheit. Sicher, es ist nicht leicht, wenn man im Unglück ist, Gutes zu denken. Aber man muss es tun, sonst ist es wie in einem Teufelskreis, aus dem es wirklich nur ein Entkommen gibt: Das Gute wollen, das Gute denken und auch tun. Ich kann mich noch gut erinnern, dass ich dachte: Wie soll ich Gutes denken, wo ich hinsehe ist Angst, Sorge und Not! Ich habe mir eine Blume gekauft und betrachtet, dann habe ich mir ausgemalt, was ich Gutes tun könnte, wenn ich im Lotto gewinnen würde. Ich sah einfach keine andere Möglichkeit, um auf andere Gedanken zu kommen. Auf einmal konnte ich anderen helfen oder ihnen was schenken, auch ohne Lottogewinn. So gab ich meinen Gedanken ein neues Ziel und kam los von den bösen Gedanken. Ja, und eines Tages merkte ich, dass damit eigentlich die Umkehr, zu welcher uns Bruno Gröning aufgerufen hat, vollzogen war.

Bruno Gröning: „Da gibt es einen Sender, aber viele Empfänger. Was der Sender sendet, können die Empfangsgeräte nur empfangen. Man kann den einen oder den anderen Sender einschalten, aber nur aufnehmen, was dieser sendet und kann sich nichts wünschen. Das Empfangsgerät kann nie bestimmen, was der Sender senden soll. Der Sender hat nur wenige Stunden Ruhepause. Und nicht anders ist es hier. Vergleichen Sie mich mit einem Sender und schalten Sie sich selbst als Empfangsgerät ein. Dieser Sender sendet nur die Heilwelle und steht Ihnen aber auch mit Rat und Tat zur Seite, genau so wie Sie auch im Radio Ratschläge hören können.

HOSIANA

(Walter-Wilhelm Busam, 1962)

Hosianna dem König
Er ist erschienen,
Er brachte Gnade,
Wende und Kraft.

Du bist die Liebe,
Herr ich bin Dein;
ganz in dem Meere
voll Gott will ich sein.

Alles beschwören
hoch Dich lobpreisen;
nur noch Dich hören;
Dein Sohn will ich heißen.

Alles sei Gnade,
Fügung und Schicksal
Deiner barmherzigen,
hochheiligen Hand.

Gib mir die Kraft
ganz in Dich münden,
gib mir die Liebe,
nur Dich will ich künden.

Herr Dank - Dank sei Dir
ohn' End, ohn' alle Maßen,
Du bist die Kür, will Dich nicht lassen,
ein - eingeh´ in mich!

Regelungserscheinungen

… können auftreten, wenn man den Göttlichen Heilstrom empfängt. Dem Körper wird etwas gegeben, und er reagiert darauf.
Das, was ihm zugeführt wird, soll doch die Ordnung im Körper
herstellen, also zeigen sich Auswirkungen. Da jeder Mensch sich
von anderen unterscheidet, und jeder auch etwas anderes hat,
sind auch die Reaktionen verschieden. Deshalb spreche ich
auch nicht gerne darüber, und geschrieben habe ich darüber
überhaupt noch nicht.

Erstens will ich den Menschen nicht beeinflussen; denn es wäre
falsch, würde der Mensch begreifen: Der hat dies oder das gefühlt, wenn ich das auch fühle, dann werde ich auch gesund. Ich
hatte überhaupt keinen Strom gespürt, hatte meine Heilung
erlebt und wusste immer noch nicht, was die anderen meinten,
wenn sie vom Strom sprachen. Heute fühle ich ihn immer in
mir, er ist Bestandteil meines Lebens. Es ist also nicht wichtig,
ob der Einzelne feststellt, was er fühlt, sondern allein wichtig ist
der Glaube. Tatsache ist, sobald ein Mensch die Göttliche Kraft
in sich aufnimmt, fängt sie zu wirken an. Darum soll man doch
auch auf seinen Körper achten. Eines weiß ich genau: Hat ein
Mensch den Willen zum Guten, dann bekommt er auch Zeichen, dass die Kraft wirkt. Bruno Gröning erklärte einmal:
„Manche Körper sind so abgebaut, dass sie gar nicht fähig sind,
was zu fühlen." Bei mir war es so, dass ich kein Kribbeln oder
Stromgefühl hatte. Da ich aber des Krankengeldes wegen immer zur Untersuchung musste, erfuhr ich dort allezeit, wie es
steht. Stellte ich mich ein, dann war es besser. Tat ich es nicht,
wurde es schlechter. Heute weiß ich, Gott gab mir ein Zeichen,
dass es wirkt und bei mir Ordnung schafft. Hatte ich vorher immer Schmerzen, so war ich dann schmerzfrei. Sobald ich mich

einstellte, fing es an, in mir zu arbeiten: Heiß, kalt und Schmerzen. Es war jedes Mal anders. Bei einem Vortrag von Herrn Gröning, als ich die Heilung erhielt, hatte ich ganz grausame Schmerzen. Heute erinnere ich mich noch, dass ich ganz starr war vor lauter Beobachten, was da in meinem Kopf vor sich ging. Herr Gröning hatte mich etwas gefragt, aber ich konnte ihm keine Antwort geben, obwohl ich die Frage verstanden hatte und die Antwort wusste. Als der Vortrag zu Ende war, war ich frei, vollkommen frei. Ich wusste: Ich bin gesund! Beim ersten Zusammentreffen mit Herrn Gröning fragte er mich: „Glauben Sie, dass Sie gesund werden?" Voller Überzeugung habe ich mit „Ja" geantwortet.

Er sagte: „Wenn Sie schwach werden im Glauben, will ich auch das noch für Sie tun und für Sie glauben!"

Diese Antwort hat mir sehr viel gegeben, aber eigentlich habe ich den tieferen Sinn erst später verstanden. Heute weiß ich: Er wusste, was auf mich zukam, dass bei der Regelung Schmerzen auftreten und dies dann schwächt in unserem Glauben. Da schalten wir Menschen ohne geistiges Wissen überwiegend falsch. Wir denken: „Nun hatte ich ein paar Tage keine Schmerzen und ein gutes Gefühl, und nun habe ich es wieder." oder „Nun ist es schlimmer als zuvor." Bei solchen Gedanken werden wir schwach im Glauben, da brauchen wir die Hilfe von Bruno Gröning, damit er für uns glaubt, wenn wir schwach werden. Nicht alle Menschen schalten verkehrt. So bekam ich heute <März 1977> einen Brief, in dem steht: „Nach dem Eingang der Unterlagen stellte ich beim Öffnen des Briefes fest, wie eine wohlige Wärme in meine Füße einströmte. Am nächsten Tag bis Anfang der Woche trat eine wesentliche Verschlimmerung meines Zustandes auf. Trotzdem unterließ ich es nicht, um Hilfe zu bitten. Sie können sich wohl vorstellen, wie wunderbar ich mich jetzt fühle." Liebe Freunde, dieser Mensch blieb fest im Glauben und hat nicht verkehrt geschaltet, obwohl er noch nicht viel Wissen um das Geistige hatte. So schreibt er die Erkrankung noch „meine Krankheit". Er weiß noch nicht, dass diese nicht zu ihm gehört. Er will die Krankheit aber los sein und blieb fest im Glauben. Und dies ist zunächst einmal das Entscheidende. Das Vertrauen zu Gott hochhalten, dass von Ihm nur Gutes herkommt, auch wenn es schmerzt, wenn und weil das Böse den Körper verlassen muss. Eine Frau hat einmal im Krankenhaus geklagt, dass ihr der Eingriff so weh getan hat und der Arzt erwiderte: „Ja, ohne Au geht es nicht." So ist es auch hier. Natürlich haben wir schon erlebt, dass Heilungen oft auch ohne Schmerzen geschahen, und ich wünsche es jedem Menschen, der Heilung sucht.

Wir Menschen beten: „Dein Wille geschehe", und so müssen wir es nehmen, wie es uns Gott gibt. Man kann vieles erklären, aber vieles bleibt unerklärlich. Da sollten wir glauben und darauf vertrauen, dass Gott weiß warum; denn wir schauen nur hin, Gott schaut drüber.

Bruno Gröning sagte dazu: „Ein Teil von Ihnen wird nicht auf meine Heilkraft reagieren. Dies sind: die ewigen Zweifler. Denen niemand helfen kann."

Bruno Gröning als Ideal

Immer war es mein Bemühen Bruno Gröning als „Ideal" zu sehen und alles zu tun, dass er nicht zum Idol wird. Jedoch soll das auch nicht so weit führen, dass man die Tatsachen nicht ab und zu wieder erwähnt. Es ist eine Tatsache, dass er der Menschheit ab 1949 ein Wissen brachte, das die Menschheit vollkommen vergessen hatte.

Tatsache ist auch, dass er durch sein Wirken und die Kraft, die von ihm ausging und Heilungen bewirkte, weltweit Aufsehen erregt hat. Es kamen aus allen Ländern dieser Erde Bittbriefe, und es geschahen in allen Erdteilen Heilungen durch Bruno Gröning.

Tatsache ist auch, dass er ein großes geistiges Wissen der Menschheit brachte und das, was er lehrte auch gelebt hat. Aus einem Aufsatz von 1960 aus dem Busam-Archiv möchte ich folgende Sätze hervorheben:

„Bruno Gröning hat die uralte, nur noch in der Bibel stehende Lehre der Heilung aus dem Geist Gottes aus der Vergessenheit hervorgeholt und den Menschen neu geschenkt. Er war daher ein TATCHRIST, dessen Vorbild der Heiland war." Seinen Freunden riet er, dass sie ebenfalls TATCHRISTEN werden.

Seine Worte: „Mensch sein heißt: Gut sein, gut zueinander, alle Ihre Gedanken, alle Ihre Worte zum Guten bringen. Das heißt: In die Tat umsetzen. Nicht nur etwas versprechen, nicht nur sagen, sondern tun." Und „Der Stuhl, auf dem ich saß, heilt! Der Boden auf dem ich stehe, heilt! Die Straße, über die ich fahre, wird ebenfalls heilen."

Tatsache ist aber auch, dass sich alles bei ihm so einfach anhört, wenn man es jedoch lebt, kann man es nur mit Gottes Hilfe in die Tat umsetzen. Tut man es aber, dann hat man Segen über Segen. Man wird ein froher, lebensbejahender Mensch. Man liebt das Leben, denn durch ihn wissen wir: Das Leben ist Gott selbst!

Es war der einfachste und bescheidenste Mensch, der mir je begegnet ist. Er liebte jeden Menschen. Er hatte Verständnis für alles, jedoch ging er seinen Weg und hatte auch keine Angst, den Menschen die Wahrheit zu sagen. Einmal sagte er: „Vom Menschlichen aus gesehen mag es verständlich sein, doch vom Geistigen aus gesehen ist es vollkommen falsch."

Hier möchte ich ein Beispiel einfügen, dass es jeder verstehe: Hat eine Mutter einen Sohn im Krieg, dann wird jeder verstehen, dass sie sich sorgt und Angst um ihn hat. Dies ist jedoch falsch. Würde sie an die Allmacht Gottes glauben und ihren Sohn IHM ans Herz legen und um Schutz für ihn bitten, dann hätte sie Gottvertrauen und die Gewissheit, dass nur das geschieht, was für ihren Sohn gut ist. Sie wäre ruhig und ihr Sohn, der ja mit ihr in Liebe verbunden ist, würde diese Ruhe auch empfangen. Ja, es war nicht immer leicht, die Worte von Bruno Gröning immer gleich zu verstehen, aber sie waren immer richtig.

Obwohl ich jetzt schon 30 Jahre sein Schüler bin, konnte ich immer nur feststellen, dass alles er lehrte stimmte und vollkommen richtig war und immer noch ist. Seine Worte waren immer klar und schlicht, so dass sie jeder Mensch fassen und begreifen konnte. So wie seine Persönlichkeit war auch seine Sprache. Tatsache ist auch, dass von ihm die Göttliche Kraft ausging und das in einem Maße, wie es sich keiner vorstellen kann. Jedoch kann man es erahnen,

- wenn man die GROSSE UMKEHR (erhältlich unter www.buchstede.de) liest und erfährt, dass täglich bis zu dreißigtausend Menschen dort waren, um Heilung zu suchen und Tausende diese auch erhalten haben,

- wenn man von den Fernheilungen hört, oder

- wenn man sich klarmacht, dass die Ärzteschaft sich für die Heilungen interessierte, die durch ihn geschahen.

Dies alles gibt dann einem eine Ahnung über diesen Geist, der als Bruno Gröning bekannt wurde.

Es geschah nicht nur durch ihn, sondern er konnte auch noch erklären, wieso und warum es geschah. Er sagte: „Es ist kein Wunder, wie Sie glauben, sondern es sind geistige Gesetze, nach denen ich lebe und die ich anwende.", „Nicht ich heile, sondern: Es hilft, es heilt, die Göttliche Kraft." und „Danken Sie nicht mir, sondern danken Sie Gott! Gott ist überall!"

In vielen Vorträgen hat er der Menschheit Wissen vermittelt. Doch nur wenige haben seine Worte angenommen und beherzigt, weil sie die Wahrheit seiner Worte erkannt haben. Die meisten wollten aber die Wahrheit nicht, sondern ihnen waren ein Wunder lieber. So brauchten sie nicht zu lernen und zu arbeiten. Zum Glück für uns alle, haben aber auch Freunde verstanden, die Worte von Bruno Gröning zu bewahren, so dass jeder heute noch die Lebensweisheiten von ihm kennenlernen kann. Hier möchte ich einen Auszug aus einem Vortrag von Frau Joisette Gröning aus dem Archiv einfügen, den sie am

7.8.1959, wenige Monate nach dem Heimgang ihres Mannes, geschrieben hat: „Bruno Gröning hat immer wieder betont, dass man die Gedanken nicht auf seinen Körper ausrichten soll, sondern auf das "ES", auf die Göttliche Kraft, auf die Gesundheit und auf den Reichtum durch die Gesundheit. Gesundheit ist tatsächlich ein unbezahlbarer Reichtum, Gesundheit ist aber auch, wenn sie echt ist: die Allmacht Gottes, die sich in jedem einzelnen Menschen verwirklichen kann, wenn er sich ganz öffnet und das "ES" in sich aufnimmt. Bruno Gröning war nicht im Sinne der wissenschaftlichen Anschauung gebildet, wie etwa ein Professor oder Arzt. Er wollte es gar nicht sein, denn dann hätte er ja nicht die wirkliche und wahre Kraft Gottes demonstrieren können. Viele kranke Menschen denken sich zu sehr in die Krankheiten hinein, sie halten gedanklich an ihrer Krankheit fest, wie Bruno Gröning sagte sitzen sie auf der Krankheit!"

Sein Wirken und Handeln richtete sich in erster Linie darauf, die Menschen von ihren Gedanken über die Krankheit, also das Böse, abzubringen. Immer wieder betonte er, keine Angst oder Furcht zu haben, alle diese Gedanken halten die Krankheit, das Böse, fest und die heilende, Göttliche Kraft kann von dem Hilfesuchenden nicht aufgenommen werden, kann sich in ihm nicht ausbreiten. Unbewusst schirmt sich der Mensch durch solche Gedanken gegen den Heilstrom ab. Um diesen möglichst stark empfangen zu können, ist es erforderlich, die Eigenstrahlungen, also alle eigenwilligen, selbstsüchtigen und störenden Gedanken möglichst auszuschalten. Um der Göttlichen Gnade teilhaftig zu werden, muss sich die Seele in dankbarer Gläubigkeit dem Göttlichen öffnen. Wir müssen werden wie die Kinder, um das Göttliche Gut empfangen zu können. Nicht unmündig und ohne Verantwortung, sondern ohne

Schuld, ohne Neid, Hass und ohne Begierde nach weltlicher Macht, irdischem Besitz und Genuss. Immer wieder finden wir bei Bruno Gröning die religiöse Forderung ausgesprochen, dass der Mensch sein ICH ausschalten und vergessen muss, dass nur in der gläubigen, dem Guten und Wahren zugewandten Seele das Göttliche zur Offenbarung kommen kann.

Die Erfahrung hat in zahlreichen Fällen gezeigt, dass die Bescheidenen, die demütig und ehrfürchtig ihr Geschick und ihre Heilung der Fügung Gottes anheimstellen, den Heilstrom am stärksten empfingen und so die volle Heilung erlangten. Diejenigen jedoch, welche stolz, selbstbewusst und fordernd die Heilung verlangten, verhinderten durch den selbstsüchtigen Willen das Einströmen der höheren Kraft und konnten nur in geringem Grade oder überhaupt nicht ihre Heilung erreichen. Im Hinblick auf diese Wichtigkeit des Gemütszustandes sind die Worte Bruno Grönings zu verstehen, wenn er immer wieder sagte: „Nicht verlangen, sondern erlangen!"

Bruno Gröning konnte und durfte natürlich nicht alles sagen, was er wusste, denn er sprach zu Menschen aller Bevölkerungskreise, auch zu ganz einfachen Menschen, und diese konnten ihn nur mit Hilfe der einfachen Sprache verstehen, nämlich der Sprache des Herzens. Er war ein Wegweiser. Wenn er ihnen dann irgendwelche Gleichnisse vor Augen führte, so konnte es durchaus vorkommen, dass diese Bilder von anderen manchmal als unlogisch bezeichnet worden sind. Meistens waren es diejenigen, die glaubten, hocherhaben über dem Wissen von Bruno Gröning zu stehen, also intellektuell Ver-Bildete.

Solche, die mehr vom Akademikergeist als von Gottesgeist

erfüllt waren natürlich in allererster Linie die offensichtlichen Feinde. Er hatte genug von dieser Sorte während seines Wirkens zu überwinden. Er hatte Freunde und Feinde. Manchmal traten auch, während er viel zu tun hatte und tun musste, Menschen an seine Seite, die ihm angeblich beiseite stehen wollten, auch sogenannte Manager, die vom Organisationsgedanken beherrscht waren. Sie wurden größtenteils auch von Gedanken nach Geld und Erfolg angezogen. Sie befanden sich also bereits während ihrer Annäherung in einem völlig falschen Fahrwasser. Da aber Bruno Gröning niemanden gegenüber gewaltsame Entscheidungen traf, sondern gewaltlos handelte, Geduld ausstrahlte, wies er sie nicht von sich, sondern versuchte immer und immer wieder auch diese Menschen durch sein Beispiel und Wirken auf den richtigen Weg zu bringen. So ging er seinen Weg, den Weg seiner Mission, kranken Menschen zu helfen. Dieses Ziel stand immer im Vordergrund. Bruno Gröning konnte auch Menschen entlarven auf eine gewaltlose Art, die aber trotzdem Wirkung erzeugte, so dass sich manche feindlich gegen ihn wandten. Menschen können eben die Wahrheit nicht oder nur sehr schwer ertragen, sie wollen der Wahrheit ausweichen, sie wollen den breiten Weg gehen und nicht den schmalen Weg des Dienens, mancher Entsagung, der Geduld, der Güte, der Barmherzigkeit, der Göttlichen Liebe und des immerwährenden Helfen Wollens. Während als Bruno Gröning stets für die Menschen da sein wollte, wurde ihm viel Unrecht zugefügt. Der Neid gegen ihn war unermesslich groß. Die Zeitungen brachten große Berichte gegen ihn, andere schrieben für ihn. Beim Auftauchen falscher Berichte schwieg er und übte auch keine Gewalt aus. Seine Duldsamkeit war bewundernswert. Er erfüllte seine Mission, indem er den Menschen half - bis zu seinem Heimgang. Er wusste genau, wann seine Zeit abgelaufen war. Und es geschahen noch bis zum Schluss Wunder, die doch keine Wunder sind. Tatsache ist, dass Bruno Gröning dieses Werk aufgebaut hat. Er wollte, dass sein Wissen auch noch kommende Generationen erfahren und somit auch Hilfe und Heilung erhalten, wie wir sie erhalten haben. Wir sind alle froh und dankbar, dass wir hier Helfer sein dürfen. Für uns liegt viel Segen in dieser Mitarbeit. Wir erhalten Erkenntnisse und Lebensweisheiten auf diesem Weg. Dafür können wir Gott nie genug danken. Es wird oft vom „Weg" gesprochen. Es ist der Göttliche Weg. Es ist der Weg nach innen. Bruno Gröning hat keine Bücher geschrieben, doch er hat uns Bücher empfohlen. So das Buch: „Leben und Lehre der Meister im Fernen Osten" von Baird T. Spalding: Für mich waren die Bücher (es gibt fünf Bände davon) die Offenbarung einer ganz neuen Welt. Glauben konnte ich das alles nicht. Doch ich fand es phantastisch. Ich sah es an wie einen Zukunftsroman und hätte alles darum gegeben, das erleben zu können. Jahrelang habe ich dann nicht mehr darin gelesen. Als ich es dann wieder tat, empfand ich das alles ganz anders. Vieles hatte ich in der Zwischenzeit selbst erkennen oder erfahren dürfen. So hatte Bruno Gröning gesagt: „Das Böse hat keinen Sitz und keinen Raum, nur den Raum und die Macht, die ihm der Mensch gibt." Von der Wahrheit seiner Worte habe ich mich überzeugt, deshalb glaube ich sie nicht, sondern ich weiß, sie sind die Wahrheit. In den „Meistern" heißt es: „Da wir nur jeden denkbaren Ort betrachtet haben, ohne ihm eine Wohnstätte anweisen zu können, so müssen wir annehmen, dass er genau da sich befindet, wo der Mensch lebt; dass er nur mit der Macht begabt ist, die der Mensch ihm gibt. Es war nur der persönliche Widersacher, den ich hinauswarf. Könnt ihr nur einen Augenblick glauben, dass ich den Teufel aus einem Menschen austreiben würde und ihm erlaubte, in eine Schweineherde zu fahren, die sich dann im

Wasser ertränkt? Ich habe noch nie den Teufel in einem Menschen gesehen, außer dass er hätte einen solchen selbst erschaffen. Die einzige Macht, die ich ihm je zuerkannte, war diejenige, die ihm von dem Betreffenden selbst verliehen wurde."

Bruno Gröning hat uns den Weg nach innen gezeigt, dass Gott in uns wohnt. Er hat uns wieder klar gemacht, dass wir Gotteskinder sind. Seine Worte: „Mit Gott seid Ihr alles ohne Ihn ein Nichts!"

Als ich nun wieder die „Meister" las, fand ich dort genau das Wissen um Gott, das ich durch das Annehmen der Lehre von Bruno Gröning erhalten habe. Die Worte von Bruno waren einfach und schlicht. Die konnte ich begreifen und fassen und darum auch glauben. Heute begreife ich auch die „Meister", jedoch nur, weil mein Lehrmeister Bruno Gröning war. Mir wurde auch klar, wieviel ich noch lernen muss, um so zu werden, wie ein Gotteskind sein soll. Es genügt ja nicht, es zu wissen. Man muss es leben. Man müsse es tun! Da habe ich noch viel Arbeit vor mir, denn außer Bruno Gröning ist mir in diesem Leben keiner begegnet, den ich „Meister" im geistigen Sinne nennen würde. Ich kann Gott nicht genug für diese Gnade danken. Darum liegt mir das Werk, das er mit Leben erfüllt hat, so am Herzen. Hier haben alle Menschen die Möglichkeit, die Lehre von Bruno Gröning kennenzulernen. Die Lebensweisheiten anzunehmen und dadurch leichter mit ihrem Leben fertig zu werden. Es ist also ein Wissen, das uns hier in diesem Leben hilft. So habe ich große Hilfe beim Heimgang meines Mannes am 28. April 1984 erhalten. Als ich am nächsten Tag an den Briefkasten ging, hielt ich eine Postkarte in der Hand, ein Christusbild, darunter standen die Worte: „Ich bin bei Euch alle Tage." Ich war ganz verblüfft und dachte, das kann doch keiner wissen, es ist doch erst geschehen. Christus hat gewusst was kommt, und wann es kommt, und so hat er als Werkzeug die Gemeinschaft München benutzt und acht Tage vorher die Karte schreiben lassen. Sie kam genau zu der Stunde an, als es um mich am dunkelsten war. Ich kannte die Worte „Ich bin bei Euch", jedoch hatte ich sie vergessen, wie ich alles in dem Augenblick vergessen hatte. Er hat mich schriftlich daran erinnert, und ich habe mich an Ihm festgehalten. Es war so leer, so kalt in mir. Durch diese Karte war Er aber wieder ganz bei mir. Sagte Er: „Geh," so ging ich, immer Sein Bild bei mir. So habe ich es geschafft und Ihm - Christus - verdanke ich es, dass ich nicht eine Schande wurde und versagt habe. Dank Seiner Hilfe konnte ich alles tun, was erforderlich war. Was ich vor nun 16 Monaten erlebt hatte, fand ich jetzt in einem Gedicht in den „Meistern".

Durch die folgenden Worte von Christus wusste ich wieder, Gott ist bei mir, und so bin ich VORAN! Einfach mich Seiner Führung überlassen und ER hat mich gut geführt. Ohne das, was ich durch die Lehre Bruno Grönings gelernt habe, hätte ich dies nicht gekonnt.

Wenn Du ans Rote Meer im Leben kommst,
Wenn alles, was man auch versucht, nichts frommt,
Und wenn man sieht, hinüber führt kein Steg,
Es gibt kein zurück, herum, auch keinen Weg,
Es gibt nur ein HINDURCH.
Dann wisse, Gott ist da und Du bist frei
und Finsternis und Sturm sind vorbei.
GOTT stillt die Wellen und ER stillt den Wind.
Und spricht zur Dir:

Geh nur Voran mein Kind,
Voran, Voran , Voran!

Er hat die Verbindung zwischen Gott und mir so fest gemacht,
dass sie auch in der größten Not funktioniert, und vor allem
hat er mich davor bewahrt, mich und meinen Körper abzubau-
en. Im Gegenteil, als ich wieder Gedanken fassen konnte, zog
ich nur solche heran, die mir halfen, meinen Körper wieder
aufzubauen, denn da waren durch die Pflege meines Mannes
verheerende Schäden entstanden. Es ist mir gelungen. Gott
hat mir auch da geholfen, wie in allen Lebenslagen. Er war
immer da und immer bei mir, auch das ist die Wahrheit.

Zwanzig Jahre hab' ich Kindheit und Jugend erlebt, 38 Jahre
Eheleben, nun lebe ich 16 Monate wieder einen neuen Le-
bensabschnitt. Ich bin glücklich. Mir geht es gut. Ich darf Glied
in der Kette sein, die Bruno Gröning mit Leben erfüllt hat. Es
steht auch in den Meistern: „Es existiert noch eine andere
Zellgruppe, von welcher die Schwingungen der Gedanken,
Handlungen, Bewegungen und Bilder, die von unserem Körper
oder den von uns hervorgerufenen Formen ausgehen, empfangen, notiert und fixiert werden können. Diese Schwingungen können reproduziert und aufs neue ausgesandt werden.
Es liegt in Eurer Macht, diese Zellen daran zu gewöhnen, dass
Ihr Worte und Bewegungen (ja sogar die Gedanken als Urhe-
ber) von Gestalten und Gegenständen reproduzieren könnt.
Durch diese Zellen ist es Euch möglich, Eure Gedanken zu beherrschen und anderen zu helfen, dasselbe zu tun. Es sind
diese Zellen, welche Unfälle und Katastrophen hervorrufen,
Kriege, Erdbeben, Überschwemmungen, Feuersbrünste, überhaupt alle derartigen Vorkommnisse, die das menschliche
Leben gefährden. Jemand sieht irgend etwas Derartiges ge-

schehen oder bildet sich ein, es geschehe. Die entsprechende Schwingung teilt sich den Zellen mit, wird von ihnen weiter ausgesandt und beeinflusst die entsprechenden Zellen anderer Gehirne, wird zurückprojiziert, und so geht es weiter und fixiert sich, bis die Sache wirklich geschieht.

Alle solche Geschehnisse können vermieden werden, wenn der Gedanke, der sie erhält, augenblicklich zurückgezogen und den Schwingungen nicht erlaubt wird, sich den betreffenden Gehirnzellen mitzuteilen. Auf diese Weise werden die Vibrationen nicht projiziert. Diese Zellgruppe ist es auch, welche Katastrophen im voraus erkennt.

Und es gibt noch eine andere Gruppe von Zellen im Gehirn, welche die Schwingungen, Gedanken und Betätigungen der Göttlichen Natur in sich aufnimmt, registriert und fixiert. In dieser Zellgruppe werden alle wahren Vibrationen erschaffen und ausgesandt. Die Göttliche Seele oder Gott durchdringt alle Substanz und sendet fortwährend Göttliche, edle Schwingungen aus; wenn wir daher diese dritte Zellgruppe in gutem Zustande erhalten, so machen wir uns dadurch fähig, die gleichen, wahren und Göttlichen Schwingungen aufzunehmen und auszusenden, die wir aus Göttlicher Quelle erhalten. Wir haben also nicht die Göttliche Seele, sondern vielmehr die Zellen, welche die Schwingungen derselben empfangen und weiter projizieren."

Wir haben noch viel zu arbeiten. Tun wir es! Jeder für sich und doch alle zusammen. Tun Sie viel für Ihren Nächsten, denn eines Tages werden Sie erkennen, dass Sie es doch für sich getan haben.

Weil der Mensch eine Bildung in sich aufgab und eine Ver - Bildung schuf, und das ist eine Einbildung, ging er vom wahren

Weg ab, und durch die Einbildung war der göttliche Mensch vom rechten Weg abgekommen und auf den satanischen gekommen.

Idol oder Ideal ?

Ein Ideal ist ein Vorbild, Hochziel, Musterbild. Ein Idol ist ein Götzenbild, Trugbild, Abgott. Dies schreibe ich aus dem Lexikon ab, damit jeder Mensch sieht, was für ein Unterschied zwischen diesen beiden Wörtern besteht, obwohl sie ähnlich klingen.

Natürlich ist Bruno Gröning für alle Menschen, die das große Glück hatten ihn zu kennen, ein Ideal. Er war der Mensch der Menschen. Seitenlang könnte ich schreiben, wenn ich die guten Eigenschaften aufzählen wollte, die er hatte. Aber das soll hier nicht geschehen. Hier soll nicht geschrieben werden, was er uns war, sondern hier soll geschrieben werden, was er uns heute ist und bedeutet. Mit „heute" meine ich jetzt, zu diesen Augenblick, also die Gegenwart und auch die Zukunft. Für mich und alle Menschen, die ihn und seine Lehre kennen, wird er immer der ideale Mensch sein. Unser Ziel ist es so zu werden, wie er es uns vorgelebt hat. Er ist unser Vorbild, und ich werde meine ganze Kraft, mein Herz und meinen Mut und alles, was ich habe, dafür einsetzen, um immer näher an das Ziel zu kommen und ein vollkommener Mensch zu werden, so wie Bruno Gröning einer war.

Bitte, lieber Leser, denken Sie nicht, ich will Bruno Gröning werden. Oh nein, das geht nicht, und es wäre auch dumm von mir und von jedem Menschen, der das sein wollte, aber ich möchte gut sein, so wie er, meinen Nächsten lieben, dienen und helfen, so wie er. Auch hier könnte ich wieder seitenlang ausführen, was alles seine Vorzüge waren. Es soll aber nur gesagt werden das es unser Endziel ist, möglichst so vollkommen zu werden, wie er es war. Ob ich das je erreiche und in welchem Leben, weiß ich nicht, und das weiß auch keiner von uns. Es bleiben uns die zwei Worte, die er uns immer gesagt hat, und die das Wichtigste sind im Leben: „Glauben und Vertrauen."

Wir glauben an Gott und vertrauen auf Ihn. Bruno hat uns den Weg gezeigt und uns die wichtigsten Sachen erklärt, die wir tun müssen, um gut und vollkommen zu werden, damit wir uns mit Recht Kinder Gottes nennen können. Das erste ist: man muss Gott lieben von ganzem Herzen und ganzer Seele und mit ganzem Gemüt. Das zweite ist: seinen Nächsten zu lieben, wie sich selbst. Ja und mehr brauche ich gar nicht mehr aufzuzählen, denn an dem zweiten hab ich in diesem Leben bestimmt immer an mir zu arbeiten. Jeder soll sich das für sich überlegen und darüber nachdenken. Ich habe herausgefunden, dass das gar nicht so einfach ist, wie es sich anhört. Immer wieder muss man sich zur Ordnung rufen und sein Verhalten korrigieren, denn für unser Tun finden wir so leicht Entschuldigungen, aber bei anderen sind wir viel schneller mit dem Urteil bei der Hand. Bruno Gröning hat uns auch gelehrt, Gedanken zu prüfen und zu verarbeiten und nichts zu glauben oder als wahr anzunehmen, was wir nicht verstehen. Wenn ich so zurückdenke, dann muss ich sagen, dass das Aufnehmen von guten Gedanken eines der wichtigsten Dinge war, die er uns gelehrt hat. Durch das Aufnehmen von guten Gedanken gewinnt man Göttliche Erkenntnisse. Er hat uns gelehrt, das zu gebrauchen und anzuwenden, was Gott uns für dieses Leben mitgegeben hat. Auch hat er uns gelehrt, auf unseren Körper zu achten und uns ins Bewusstsein gerufen, dass unser Körper ein Geschenk Gottes ist, der unserem Geist als Wohnung dient in diesem Leben. Er hat uns auch mit schonungsloser Offenheit gesagt, wie sorglos und unachtsam wir Menschen mit diesem Geschenk Gottes umgehen und uns dann auch noch wundern, wenn es nicht mehr in Ordnung ist. Er hat uns geholfen, wieder Ordnung in unser Leben und in unseren Körper zu bringen und hat uns gesagt, wie wir uns verhalten müssen, um diese Ordnung (Gesundheit) zu erhalten.

Alle Freunde, die das Glück hatten, Bruno Gröning zu kennen, wissen das alles, was ich hier niederschreibe. Wenn ich dies schreibe, dann tue ich es, damit die Menschen, die ihn nicht kannten, begreifen, dass er uns auch heute noch etwas ist: Vorbild! Damit Sie begreifen, dass es nicht sinnlos ist, wenn wir uns zu Gemeinschaftsstunden zusammenfinden, sondern es hat einen Sinn: Besinnung! Der Sinn der Gemeinschaft ist, uns Kraft zu geben auf dem Weg zum Guten, zu Gott. So wie es Wanderer tun, wenn sie eine Rast einlegen auf ihrem Weg, um sich wieder Ruhe oder Kraft zu holen und dabei sehen sie sich Wegekarten an und orientieren sich, ob sie noch auf dem richtigen Weg sind und wie sie am besten und schnellsten ans Ziel kommen, so tun wir es in der Gemeinschaft. Wir tauschen unsere Erlebnisse und Erkenntnisse aus, und wir machen auch unsere Freunde aufmerksam, wenn sie sich verirren oder verlaufen. Wir belehren uns gegenseitig und helfen uns. Wir rufen uns die Worte und Gedanken, die uns Bruno Gröning gelehrt hat, in Erinnerung und orientieren uns daran, ob wir noch auf dem richtigen Weg sind. Bruno Gröning hat uns einmal gesagt: „Sie werden immer Schüler bleiben, glauben Sie mir; solange Sie leben, werden Sie lernen."

Nun gehe ich ja schon lange diesen Weg, und so kann ich heute sagen, dass es stimmt, wie alles, was er gesagt hat. In der Gemeinschaftsstunde lernen wir immer wieder, jeder von uns, aus den Erfahrungen des anderen. Es ist also nicht so wie viele Menschen glauben, dass wir jammern, weil er nicht mehr unter uns ist, oder dass wir ihn verherrlichen, wie groß und gut er war, und dass es nie wieder so einen herrlichen und wundervollen Menschen geben wird. Wenn wir nur in der Erinnerung leben würden und ihn verherrlichen würden, dann hätten diese Menschen recht, die sagen: „Ich verstehe das nicht, warum sie weiter zusammen kommen." Dann würden wir einen Götzenkult treiben, und Bruno Gröning wäre für uns das „Idol." Diesen Menschen möchte ich zurufen: „Nein, Ihr irrt! Bruno Gröning ist nicht unser Idol, sondern unser Ideal." Er hat uns ja vorgelebt, Er hat uns seine Lehre hinterlassen. Er hat uns den Weg gezeigt und uns erklärt, warum wir krank sind, warum wir die Unordnung, die Krankheit, in uns tragen. Er hat gesagt, wir sollen unseren Nächsten lieben und an ihn denken und helfen. Er hat es getan und uns gezeigt, dass man danach leben kann, was Gott von uns verlangt. Er hat uns geliebt und geholfen, obwohl wir ihm fremd waren. Wir waren ihm der Nächste. Wir wissen, dass wir noch lange nicht so gut sind, wie er es war, aber es ist doch unser gutes Recht, alles daranzusetzen so gut zu werden wie er es war. Man kann doch Menschen keinen Vorwurf machen, weil sie sich ein Ziel setzen, weil sie alles daran setzen, so zu werden, wie ihr Ideal. Im Gegenteil, ich glaube, dass das richtig ist und schon in der menschlichen Natur liegt. Jedes kleine Kind hat schon ein Ideal, dem es nacheifert. Bei einem Mädchen ist es die Mutter, bei einem Jungen ist es der Vater. Er, der Junge, will so groß, so stark und klug wie sein Vater werden. Da wird doch niemand sagen: „Das ist Götzenkult." Nichts anderes tun wir. Wir wollen gut sein und helfen. Jeder wird das tun, für das Gott ihn bestimmt hat. Aber alle werden wir bereit sein, zu helfen. Jeder nach seinen Talenten und Fähigkeiten. Menschen brauchen so unterschiedliche Hilfe, dass es für jeden etwas zu tun gibt. Nur um einige Beispiele zu nennen: Der eine wird die Gemeinschaft leiten, der andere wird Menschen mit Worten helfen können, andere wiederum eine Arbeit verrichten, die der Nächste nicht mehr erledigen kann und wieder einer wird Geld verdient und damit Gutes tun. Auch darüber, über das Helfen, könnte man ein Buch füllen, denn es gibt tausenderlei verschiedene Möglichkeiten der Hilfe für den Nächsten. Jedoch haben wir alle die Aufgabe, Menschen, die in Not sind und Hilfe suchen, den Weg zu zeigen, wie sie sich diese holen können. Diesen Weg kennt jeder von uns, und wenn der Mensch ihn geht, so wird ihm auch geholfen werden, das wissen wir, denn wir haben es erlebt.

Wir können Menschen den Weg zeigen, so wie ihn uns Bruno Gröning gezeigt hat. Bruno Gröning war ein besonderer Mensch. Er war anders als alle Menschen, die ich vorher kennengelernt habe, deshalb waren auch seine Werke, die er tat, anders als die, die wir zusammenbringen. Damals, als ich ihn kennenlernte, wusste ich nicht gleich, worauf der Unterschied zwischen ihm und den anderen Menschen beruhte. Heute weiß ich es.

Er war ehrlich. Ja, das hört sich so einfach an: Ehrlich. Aber glauben Sie mir, so einfach ist das gar nicht, ehrlich zu sein. Wir erkennen manchmal ganz genau, warum ein Mensch Pech oder Unglück hat, aber uns fehlt der Mut, dieses den Menschen zu sagen. Wir müssten dann ja sagen: „Du bist selbst schuld, ändere Dich, und alles wird sich ändern. Du willst die anderen ändern, und das kannst und darfst Du nicht. Suche mal die Schuld bei Dir!"

Verlange nicht immer Verständnis für Deine Angelegenheiten von den anderen, sondern habe doch zuerst Verständnis für sie."

Die Angst hat verschiedene Gesichter, aber es ist immer und bleibt immer Angst. Wir denken, der ändert sich doch nicht, oder warum soll ich ihm weh tun, oder der ist älter als ich oder finden sonst eine Ausrede. Aber das eigentliche Motiv ist und bleibt die Angst, uns zu schaden, uns unbeliebt oder uns lächerlich zu machen. Darum schweigen wir und sagen so Redensarten, weil das ja auch viel bequemer und einfacher ist.

Dies unterschied Bruno Gröning von allen Menschen. Er hatte keine Angst, er war ehrlich, ob es ihm geschadet hat oder nicht. Alle fertigten uns mit Schlagwörtern ab. Sie hatten Mitleid mit uns, oh ja, aber auch dafür gibt es Schlagworte! Zum Beispiel: „Immer die Besten trifft es.",„ Das hast Du nicht verdient" oder „wenn es eine Gerechtigkeit gibt..."" usw. und so fort. Bruno Gröning hatte kein Mitleid mit uns; dafür hatte er den Willen, uns zu helfen. Er hatte kein Interesse an dem Dreck, der sich bei uns angesammelt hatte, er wollte es gar nicht sehen und wissen. Deshalb hat er sich auch nie Krankheitsgeschichten erzählen lassen. Er sagte: „Was Sie haben, das haben Sie schon oft erzählt und gezeigt und sind es nicht losgeworden. Ich will es nicht hören. Machen Sie es wie mit einem Koffer, in dem nur Dreck ist. Stellen Sie ihn vor die Türe und vergessen Sie ihn ruhig, der Müllmann holt ihn ab." Hören Sie mal zu! Wenn Sie gekommen sind und denken, der Gröning macht so Hokuspokus und dann werde ich gesund, dann irren Sie sich, dann ist es besser, Sie gehen gleich wieder. Wollen Sie aber die Wahrheit wissen oder einen Weg, wie Sie von dem Bösen loskommen können, den werde ich Ihnen zeigen."

Zuerst wies er uns den Weg. Oft hat er gesagt: „Geht zum Heiland, wenn ihr Heil wollt. Beim Heiland gibt es die Heilung, und das ist Eure Gesundheit."

Er hatte auch keine Lügen für uns. Er sagte klipp und klar: „Ihr habt das Böse aufgenommen. Ihr habt Euch mit Dem Bösen abgegeben, und deshalb konnte er sich in Euch, in Eurem Körper festsetzen."

Er sprach auch nicht von Gerechtigkeit. Oh nein! Er wusste, da hatten wir keine Chance. Er sagte uns: „Ihr habt Euren Körper abgebaut, ihn außer acht gelassen, darum habt ihr das Gute, Eure Gesundheit, verloren. Nun macht Euch auf den Weg und sucht das Gute. Sucht Eure Heilung, Euer Heil, Ihr findet es beim Heiland! Gott ist Euer Vater und Ihr seid alle seine Kinder, darum geht ruhig hin. […] Der Weg ist einfach. Er heißt: Glauben und Vertrauen! Glaubt an Gott und vertraut auf Seine Gnade, wenn Ihr schuldig geworden seid. Es hilft, es heilt die Göttliche Kraft! Wie Ihr die Göttliche Kraft bekommt, ist auch ganz einfach: Betet! Sprecht mit Gott. Bittet, so wird Euch aufgetan. Rennt nicht fort, wenn Ihr gebettet habt, sondern bleibt ruhig sitzen und wartet. In der Ruhe findet Ihr Gott. Er spricht mit Euch, indem er Euch Erkenntnisse gewinnen lässt. Beobachtet in Ruhe Euren Körper und Ihr werdet fühlen, wie die Göttliche Kraft eindringt und wie die Ordnung (Gesundheit) hergestellt wird. Wenn Sie noch nicht glauben können, dann will ich das für Sie tun, bis Sie so viel Kraft haben, um selbst zu glauben." So sprach er mit uns. Das war keine Lüge, sondern Wahrheit. Wir wussten es, denn jeder von uns kannte sich und jeder wusste, was er getan hatte.

Man hat von Bruno Gröning gesagt: Er kann alle Krankheiten

heilen, aber nicht alle Kranken. Er konnte diese nicht heilen, die sich selbst belügen. Es ist bekannt, dass es Menschen gibt, die mit der Zeit ihre eigenen Lügen glauben. Wenn man aber den Weg gehen will, den Bruno Gröning gezeigt hat, dann muss man ehrlich sein. Ehrlich zu sich selbst - das vor allem. Auch das hat er allezeit wieder zu uns gesagt: „Sind Sie ehrlich zu sich selbst, Sie brauchen es nicht zu mir zu sein, aber sind Sie es zu sich selbst."

Das Ehrlichsein ist sehr wichtig. Man muss erkennen, dass man auf dem falschen Weg ist. Das ist für uns Menschen gar nicht so leicht. Meist denken wir doch: „Ich bin schon richtig, aber die anderen sind falsch."

Es steht geschrieben: Was ihr sät, das werdet Ihr ernten. Wenn mein Körper also voller Unordnung und Übel ist, dann kann ich nichts Gutes gesät haben. Wie sät ein Mensch? Durch das, was er tut, bestellt er sein Feld. Seine Taten sind also wichtig. Wenn man sich nun auf den Weg macht zur UMKEHR, dann muss man sich zuerst einmal klar werden, was man getan hat. Unsere Taten und unsere Worte zählen. Diese entstehen aus unserem Willen und unseren Gedanken. Deshalb hat Bruno Gröning uns immer wieder gesagt und es auch für uns aufgeschrieben: „Der Gedanke bewegt den Menschen zur Tat." Der erste Schritt, ist ehrlich zu sein und der zweite ist, unsere Gedanken in Ordnung zu bringen. Gutes Denken, Gutes Wollen, Gutes Tun. Ganz einfach, uns dem Guten zuwenden und das Böse meiden. Nur so kann das Gute, die Ordnung in unserem Körper wieder einkehren. Wir leben in einer Welt, wo alles aus Ursache und Wirkung besteht. Wie die Weichen gestellt sind, so fährt der Zug. Bei der Ursache, also beim Stellen der Weichen haben wir die freie Entscheidung, dann aber läuft der Zug, über die Wirkung haben wir keine Macht mehr. Bei allem was wir entscheiden, sind wir frei. Jede Entscheidung ist eine Ursache, und wir sollten immer die Wirkung bedenken, wenn wir eine Entscheidung treffen. Was wir von uns geben, kommt auf uns zurück. Bei jeder Entscheidung sollten wir auf unser Gewissen achten. Das hat uns Gott mitgegeben, damit wir wissen, ob wir richtig oder falsch entscheiden. Wenn wir auf unser Gewissen achten, dann brauchen wir eines Tages nicht den Satz sagen: „Das habe ich nicht gewollt." Wir sind also für unser Tun verantwortlich, denn wir sind wohl Kinder Gottes, aber keine unmündigen. Wir sind volljährig und deshalb verantwortlich. Auch hier müssen wir ehrlich sein und sagen: „Ich habe das getan, oder dies ist durch meinen Willen geschehen und somit trage ich die Verantwortung." Solange alles gut geht, sagen die Menschen: „Das ist von mir, das ist mein Werk." Wenn es schlecht ausgeht, dann fragen sie: „Warum lässt Gott das zu?". Er lässt es zu, weil wir frei sind, aber er hilft uns auch immer wieder, wenn wir nicht weiter wissen. Wir müssen uns ihm dann nur zuwenden und ihn bitten. Das ist ja wohl nicht zu viel verlangt, nachdem wir uns vorher nicht um ihn gekümmert haben oder uns nicht an seine Gebote gehalten haben. Es steht geschrieben: „Alle Dinge sind möglich dem, der da glaubt." Ja, und dann machen wir Menschen den Fehler und sagen: „Ich habe so geglaubt, dass er gesund wird und nun wurde es nicht wahr!". Bei dem Geschriebenen in der Bibel, da ist der Glaube an Gott gemeint, dass dem, der an Gott glaubt, alles möglich ist. Keine Mutter kann ihrem Kind jeden Wunsch erfüllen, denn die Erfüllung eines Wunsches kann einem Kind schädlich sein. So ist das auch bei Gott. Ich bin überzeugt, dass Er mir die Wünsche erfüllt, die für mich richtig und gut sind und keinem anderen Menschen schaden.

Viele Kinder haben den Wunsch, ihre Schulaufgaben nicht zu machen. Keine gute Mutter wird ihrem Kind diesen Wunsch erfüllen, weil sie weiß, dass es für das Kind besser ist, wenn es seine Aufgaben lernt. Auch wir haben Aufgaben, hier auf dieser Erde zu lernen. Sind wir oberflächlich glücklich, so werden wir leicht hochmütig. Unser ICH wird zu groß, und wir sind kaum bereit, tiefere Gedanken aufzunehmen, um etwas zu lernen.

Oft erst im Leid werden wir wieder klein und bescheiden. Da besinnen wir uns wieder auf unseren Ursprung - auf Gott! Da finden wir endlich wieder den Weg heim und hören wieder zu. Wir wissen dann auch wieder, dass wir nicht alle guten Taten auf morgen verschieben dürfen, denn wir erwarten auch heute Hilfe und nicht morgen. Bruno Gröning hat gesagt: „Keine Mutter schickt ihr Kind auf die Reise, ohne ihm alles mitzugeben, was es braucht."

Gott schickt seine Kinder auch nicht in diese Welt, ohne uns mitzugeben, was wir brauchen. Er sagte auch: „Der HEIL-STROM ist um uns, und jeder kann ihn sich holen, wenn er ihn braucht."

So wie die Radiowellen da sind, so ist auch der Heilstrom da, rund um die Uhr und zu jeder Zeit.

Das Fest der Einkehr

Einkehr will in dieser geweihten Nacht Gottes Sohn bei uns halten. Einkehr sollten aber auch wir bei uns selbst halten in der Vorbereitungszeit. Adventszeit! Christus will ja nicht in unserer Wohnung Platz nehmen, sondern in unserem Herzen. Darum sollten wir vor allem darauf schauen, dass dort vor allem alles seine Ordnung hat. Vor der Umkehr, zu der mich Bruno Gröning aufrief, hatte ich diese Einkehr in der Weihnacht nie erlebt. Ja, wenn ich ehrlich bin, dann muss ich sagen, seit ich Bruno Gröning auf seinem Weg folge, ist alles umgekehrt. Was vorher wichtig war, ist in den Hintergrund getreten und das Wichtige und Richtige erkannt worden.

Früher war für mich die Adventszeit auch Vorbereitungszeit. Da wurde gebacken, gekocht und geschmückt und alles auf Vordermann gebracht. Man musste einkaufen. Na, es gibt noch viele Menschen heute, die das Fest so feiern wie ich damals, so dass ich nicht weiter darauf einzugehen brauche. War das Fest dann endlich da, dann war man geistig, körperlich und auch seelisch am Ende seiner Kräfte. Hatte man Glück und kam nicht viel Besuch, dann konnte man sich einigermaßen erholen, bis man wieder ins Geschäft musste. Hatte man aber Pech, dann war man direkt wieder froh, wenn alles rum war. Oft hatte man dann noch einen verdorbenen Magen.

Durch Bruno Gröning wurde ich anders und damit auch mein ganzes Weihnachtsfest. Heute habe ich keine Angst mehr vor dem Fest, sondern ich freue mich schon sehr früh darauf und seinen Lichtschein, den es uns bringt. Ihn nehme ich mit ins neue Jahr hinein. In all den vielen Jahren hatte ich immer ein Erlebnis, das mir viel gab.

Mein erstes Weihnachtsfest, das ich richtig beging, werde ich nie vergessen. Damals hatten wir noch kein Kind, und mein Mann und ich waren allein. Nach dem Besuch bei unseren Eltern gingen wir Heim, steckten die Kerzen am Weihnachtsbaum an, und ich las aus der Bibel von der Geburt Christi vor. Wir ließen Weihnachtslieder spielen und sangen aus tiefstem Herzensgrund mit, denn durch Bruno Gröning hatte ich gelernt, dass in diesen Liedertexten die ganze Wahrheit liegt. Er hat uns erklärt, dass von Gott begnadete Menschen diese Lieder an uns weitergaben, in denen die ganze Wahrheit enthalten ist. Er fragte uns, ob wir die beiden Lieder kennen: „Stille Nacht, heilige Nacht" - und „O, du fröhliche." Wir sagten aus voller Überzeugung und auch ein wenig entrüstet, dass man uns für so dumm hält: „Ja!" Damals auf der Weihnachtsfeier ließ er uns dann das Lied ohne Musikbegleitung singen. Die erste Strophe bekamen wir noch hin. Bei der zweiten war es aus. Da sangen manche die dritte, und die es noch einigermaßen gewusst haben, wurden unsicher und hörten auf den Nachbarn, und so schwiegen wir bald alle. Wir waren damals alle blamiert bis auf die Knochen und feierlich war das ganz und gar nicht, aber lehrreich.

Vieles habe ich damals gelernt, und heute kommen immer noch Erkenntnisse dazu. Vor allem, dass man nicht leichtsinnig sagen soll: „Das weiß ich." oder „Das kenne ich." Man kennt und weiß nur das wirklich, was man mit Bewusstsein in sich aufnimmt. Diese Lieder hatte ich nie selbst gelernt, die hatte ich nachgesungen oder mitgesungen, aber nie mit Bewusstsein in mich aufgenommen. Niemals hatte ich sie selbst gesungen. Es waren nicht nur die Lieder, es war vieles in meinem Leben, das ich nach- oder mitmachte. So brachte mich Bruno darauf, nicht mehr das zu tun, was man tut, sondern das was ich für richtig halte. Auch mich nicht auf andere zu verlassen, sondern nur auf mich selbst. Nach seinen Worten: „Nicht WAS zu tun, sondern das Richtige zu tun." Als nächstes bekam jedes Mitglied unserer Gemeinschaft zu Weihnachten diese Lieder von mir abgeschrieben mit der Bitte, sie auch wirklich zu lernen und zu begreifen. Jedes Jahr bei unserer Gemeinschaftsfeier in Mannheim singen wir ohne Musikbegleitung diese Lieder, und wir sind nicht mehr umgekippt. Wir hatten gelernt, dass das mit der stillen und heiligen Nacht gut und schön ist und auch richtig, aber es bleibt ohne Sinn und Verstand, wenn man nicht weiß, dass Christus tatsächlich erschienen ist. Wenn man das nicht weiß, dass Christus erschienen ist, um uns mit Gott zu versöhnen, bleibt auch nicht viel Grund zur Freude. Bruno brachte uns Freude und Wissen. Ihm verdanke ich es, wenn ich diese Lieder nicht mehr nachsinge, weil sie einem so ein angenehmes unerklärliches Gefühl zu vermitteln schienen. Seit Bruno Gröning mir das Wissen gab, ist mir das nicht mehr unerklärlich. Ich weiß, es erhebt mein Herz zu Gott, und dies ist das herrliche Gefühl. Heute und schon seit der Begegnung mit Bruno Gröning mache ich auch ganz bewusst mein Herz in der Weih-Nacht auf und bitte Gott von ganzem Herzen, darin einzuziehen. Die Lieder singe ich mit der vollen Konzentration, und hinter jedem Wort steht meine ganze Überzeugung und mein Glaube. Ich möchte Gott sagen: „Jetzt verstehe ich, was geschieht, und ich wünsche es mir von ganzem Herzen. Zieh ein, ich freue mich!" Mit diesem Wissen habe ich Weihnachtslieder gesungen, damals, an jenem Weihnachten. Wir traten dann zusammen ans Fenster, um gute Gedanken und Wünsche an unsere Lieben zu senden, nach Amerika und dorthin, wo die, die wir liebten und uns gegenwärtig waren.

Die Straßen waren menschenleer. Es war Bescherungszeit,

und da standen wir nun voller Kraft, Glück und Frieden. Man kann so ein Gefühl schlecht beschreiben.

Als wir nun so unterm Fenster standen, ging auf einmal auf der anderen Straßenseite ein blonder und netter junger Mann. Er war etwa 25 bis 30 Jahre alt. Als er genau auf unserer Höhe war, blieb er stehen, schaute rauf zu uns, lachte uns zu und winkte. Wir lachten und winkten zurück. Dann ging er ohne ein Wort weiter. Mein Mann und ich schauten uns voller Glück an, und als ich wieder Worte fand, sagte ich: „Mein Gott, mir ist zumute, als hätte mir der Heiland persönlich zugewinkt." Er strahlte und nickte nur. Später sagte er: „So was habe ich auch noch nicht erlebt."

Den ganzen Abend hatte ich ein unbeschreibliches Hochgefühl in mir. Es war wirklich eine geweihte Nacht und für mich das erste richtig erlebte Weihnachtsfest. Frei wird man erst, wenn man das Kind ins Herz lässt. Wenn diese Zeilen dazu beitragen, dass wir die herrliche Zeit der Weihnacht mit der richtigen Einstellung begehen, dann haben diese ihren Zweck erfüllt.

Christ, der Retter ist da!

Den Vortrag unseres Freundes Bruno Gröning, den er in der Weihnachtsfeier in Rosenheim 1955 gesprochen hat, habe ich gestern immer wieder gelesen. Mein Eindruck war: Klarer und tiefer kann kein Mensch den tieferen Sinn von Weihnacht erklären, als es Bruno Gröning gerade in diesem Vortrag tat. Mein erster Gedanke war, man sollte seinen Vortrag allen Menschen geben, denn darin ist alles enthalten.

In meinem Geist ließ ich dann alle Weihnachten vorüberziehen, die ich ja schon erlebt hatte. Das waren viele, denn ich zähle schon über 50 Jahre. Wie arm waren doch die Weihnachten, die ich ohne rechten Glauben erlebte. Ich erinnerte mich an ein Weihnachtsfest im Krieg. Meine Freundin und ich hatten uns freiwillig gemeldet, die Luftschutz-Nachtwache zu übernehmen. Dies nur um dem Zauber und Klimmbim, als das wir damals das Fest empfanden, zu entfliehen. Da stand ein kleiner Baum. Wir sangen Jazz-Lieder. Außer uns waren noch zwei ältere Männer eingeteilt, und der eine konnte das nicht mehr ertragen. Er zündete die Kerzen am Baum an und sang Weihnachtslieder. Es ging ein Zauber von dem Baum und den Liedern aus, der uns damals auch streifte, nur ansprechen ließen wir uns nicht. Bei der Rückschau erkannte ich: Eigentlich war ich zu Weihnachten immer auf der Flucht. Bis mir dann der Chefarzt sagte (damals bei meiner Erblindung 1954): Ich solle mir vom Christkindl meine Gesundheit geben lassen. Auf der darauffolgenden Weihnachtsfeier erlebte ich dann zum ersten Mal Bruno Gröning.

Das war die Zeit, in der ich den suchte, vor welchem ich vorher immer geflohen war: Dem Christkind! Zu jener Zeit hatte ich auch einen Herzenswunsch und erwartete dessen Erfüllung. Ich hörte Herrn Gröning sehr aufmerksam zu. Doch vieles habe ich trotz aufmerksamen Zuhörens nicht verstanden. Ich war ja nicht in Ordnung. Mein Körper war abgebaut und dadurch mein Fassungsvermögen begrenzt. Vielleicht geht es vielen von Ihnen heute noch in dieser Weise, dass sie die Wahrheit noch nicht fassen können. Mir erging es so. Deswegen bin ich dankbar: Zur rechten Zeit Bruno Gröning begegnet zu sein. Er hat ganz einfach und leicht verständlich gesprochen und mir klare Anweisungen gegeben. Ich konnte es fassen und mich daran festhalten und erhielt Halt in der Not zu meinem eigenen Heil. Das ist wichtig liebe Freunde: Glauben können. Glauben an das Gute und Göttliche, denn nur dieser Glaube wird Sie zum Heil führen.

Es heißt in der Schrift: „Alle Dinge sind möglich, dem der da glaubt!" Christus sagt: „Glaube versetzt Berge!" Nehmen Sie diesen Glauben auf, und Sie werden erkennen, was Sie alles mit diesem Glauben können. Er ist die Macht, der Reichtum und das Leben. Wer einmal die Kraft des Glaubens erlebt hat, möchte diese nie mehr missen. Fragen Sie alle Ihre Freunde in der Gemeinschaft, und Sie werden keinen finden, der diesen Glauben, von dem er sich überzeugt hat, hergeben würde. Nicht für alle Reichtümer dieser Erde. Er ist der Schatz, der Sie durch Ihr ganzes Leben begleitet, und den Sie immer brauchen. Haben Sie den Glauben erst, dann kann Ihnen diesen auch niemand mehr nehmen. Was wir erleben und erfahren, ist unser Eigentum. Nehmen Sie diesen gewaltigen Glauben in Ihr Leben mit hinein! Die Zeit ist günstig. Christ der Retter ist nah!

Sie werden fragen: „Wie kann ich diesen Glauben in mich aufnehmen?" Ganz einfach. Weihnachten muss Christus in Dir geboren werden! Wie geschieht das? Auch das ist einfach. Bete. Bete: „Ich bin klein, mein Herz ist rein, soll niemand drin wohnen, als Jesus allein." Liebe Freunde, dieses kleine Gebet hat Bruno Gröning uns oft ans Herz gelegt und uns aufgefordert, es zu beten. Es ist doch die Wahrheit. Wir sind doch klein. Wir sind doch mit unserer Weisheit am Ende, wir sind doch aufgegeben von den Menschen. Wie oft hören wir: Nur ein Wunder kann mir helfen. Nein, nur Gott kann helfen. Ob es Wunder gibt, weiß ich nicht. Meine Heilung erschien mir auch als ein Wunder.

Nach der Lehre von Bruno Gröning ist es aber kein Wunder, sondern ganz natürlich. Er hat mich gelehrt, was ich kann, wenn ich glaube, und Sie können es auch lernen, wenn Sie wollen.

Wunder weiß ich nicht, ob es die gibt. Gott gibt es, das weiß ich gewiss. Wenn Sie etwas Wunderbares wollen, dann wenden Sie sich Gott zu. Nur da können Sie es erhalten. Nun mögen Sie Einwände haben, aber da lasse ich wieder Bruno Gröning sprechen. Er kannte die Menschen besser als ich. Lesen Sie, und Sie werden mich verstehen:

„Wie viele Menschen es doch so abtun zu wissen, indem sie von sich aus behaupten, sie seien ein gläubiger Mensch. Sie beten, sie seien Christ, und sie haben immer geglaubt, und sie haben zu Gott gebetet, und er hat sie nicht erhört, und sie sind von dem Übel nicht frei geworden.

Nein, Freunde, Sie müssen sich von dem Übel abwenden. Sie dürfen sich niemals mit dem, was Sie als Übel empfinden, dürfen sich niemals mit dem Übel abgeben. Und Sie dürfen sich auch nicht mit dem Übel abfinden, indem Sie gleichgültig werden, wie viele doch gleichgültig geworden sind: Da ist nichts mehr zu machen, da ist nichts mehr zu helfen. Ich werde langsam dahinsiechen, es kann mir kein Mensch mehr helfen. <Aber> er sagt nicht von sich aus, dass Gott ihm helfen kann, ihm helfen wird.

Wenn er den ersten Schritt zu Gott tut, damit wird ihm geholfen.

Er, der Mensch muss sich Gott nähern, er muss den Weg gehen, den Christus an - und auch aufgezeigt hat. Wir müssen Ihm folgen, der Mensch muss alles dazu tun.

Tun heißt, zur Tat übergehen."

Die Zeit der Selbstbesinnung!

Besinnen Sie sich, wo Sie sind, woher Sie kommen und was Sie hier zu tun haben. Sie sind ein Gotteskind. Sie haben den Weg zu gehen, den Christus uns gezeigt und vorgelebt hat: Ihren Nächsten zu lieben wie sich selbst. Bruno Gröning fragt mit Recht:

„Nein, liebe Freunde, wo sollte das enden, wenn das so weitergeht, wenn wir nicht mehr auf Den hören, zu Dem wir doch gehören.

Denn wir alle gehören zu Gott!

Wir sollen uns auf die Geburt Christi besinnen. Und wir sollen da auch das tun, was Er uns selbst in späteren Jahren mit auf unseren Lebensweg gegeben. Wir sollen besinnlich werden darauf, was Christus uns bedeutet. Wir sollen den Weg gehen, den Er uns vorgeschrieben, den Er uns aufgezeigt. Wir sollen das alles in die Tat umsetzen!

Man nützt die Zeit, aber ich nütze jene ja nicht für mich, sondern für Sie. Ich werde nicht müde, ich kämpfe für Sie, ich lebe für Sie. Aber wollen Sie nicht auch etwas dazutun, wollen Sie nicht folgen? Sie haben es doch nötig.

Indem sich der Mensch selbst sagen müsste: Ich will mit dem Bösen nichts mehr gemein haben, und ich will und werde an das Gute glauben, allein schon, weil ich es nötig habe und vor allen Dingen sehr nötig habe auch für meinen Körper. Meine lieben Freunde, wer das Göttliche will, muss sich Gott nähern, und er muss wirklich den Weg gehen, den Gott für uns alle, für jeden bestimmt hat."

Tun Sie das! Nehmen Sie sich die Worte von Bruno Gröning zu Herzen und beherzigen Sie diese, wie er es immer sagte, und Sie werden das Heil erhalten! Die Zeit ist gut! Der Retter ist da, „Erlöser" wird Er auch genannt. Lassen Sie sich lösen von allem Bösen, wenden sie sich ganz dem Guten zu! Denken Sie Gutes, wünschen Sie Gutes und tun Sie Gutes, und Sie erhalten dann auch das Gute. Es ist ein geistiges Gesetz: Was der Mensch von sich gibt, kommt zehnfach auf ihn zurück. Darum geben Sie nur Gutes von sich. Bitte handeln Sie um Ihrer selbst willen. Denken Sie nicht das es schwer ist. Nur das Lernen ist schwer. Hat man es aber gelernt und beherzigt, dann ist es herrlich, dann ist es schön. Sie werden erkennen, wie das wirkt, und es wird Sie mehr überzeugen als Worte es vermögen. Sie werden so ein gutes und zufriedenes Gefühl haben. Kein Glockenklang von außen kann Ihnen dieses Gefühl ersetzen. Ihr Werk wird dann wachsen. Sie werden das wieder erleben wollen und wieder Gutes tun. So und nur so kommt man auf den Göttlichen Weg. Dieser Göttliche Weg ist der Weg, den Christus uns zeigt. Weswegen Er hierher auf Erden kam und um uns diesen Weg vorzuleben. Er fordert uns auf: „Folget mir nach!" Tun Sie es, geben Sie sich das Versprechen: Jetzt will ich es tun, das Gute, und tun Sie es. Sie erhalten es dann, glauben Sie mir. Das Gute, das Sie dann erhalten, ist Ihre Gesundheit. Sie helfen dann auch von Herzen gern. Bei uns war in diesem Jahr <1977> viel Arbeit. Auf einer Tagung bekamen wir den schönsten Dank. Eine Frau berichtete: Sie hatte Lungenkrebs und dabei auch Atemnot, und wie elend es ihr gegangen war. Wie man für Sie gebetet hat. Wie sie Hilfe erhielt. Nun ist sie frei. Sie ist wieder „Mensch". Als sie jenes berichtete, liefen ihr die Tränen über die Wangen. Es kann sich keiner vorstellen, wie herrlich das ist, solches zu erleben. Mich hat das erschüttert bis ins Innerste. Sehen Sie Freunde, solches erlebt man, wenn man Christus folgt.

Dafür tut man Vieles, um Solches zu erleben, und ich bin auch wieder voll guter Vorsätze heimgefahren, begeistert, mitarbeiten zu dürfen. Brennend im Geist wie es in der Bibel heißt. Meinem Mann hab' ich es berichtet. Er sagte: „Ach, dann schreibst Du wieder den ganzen Tag Briefe." Daraufhin habe ich ihn voll Vertrauen, denn ich kenne ihn, angesehen und gesagt: „Wäre es Dir lieber, ich würde den ganzen Tag blind zuhause sitzen und warten, bis Du kommst?" Da nahm er mich in den Arm und sagte: „Nein!" Ich wusste auch ohne Worte, er war Gott in diesem Moment so dankbar wie ich, dass ich sehe, dass ich gesund bin und dass ich helfen darf, denn das Bibelwort ist Wahrheit: „Geben ist seliger als nehmen." Und nehmen Sie die Worte Bruno Grönings mit auf den Weg durch die Adventszeit:

„Es ist doch wirklich so, meine lieben Freunde: Wenn Sie von einem Menschen empfangen werden wollen, der höher steht als Sie, dann sagen Sie auch: »Aha, in vier Wochen soll ich vorstellig werden, und dann soll ich ihm meinen Lebenslauf geben, und danach wird er, dieser Mensch, mich beurteilen, und demnach werde ich dann auch einen Posten erhalten.- Ja, das muss alles festgehalten, niedergeschrieben werden. Es Muss auch gesprochen werden, und ich muss auch dementsprechend vor so einen höherstehenden Menschen treten, muss ich auch ein dementsprechendes Gewand tragen.« Alles müssen Sie sich erst erarbeiten - vorbereiten darauf, wie Sie auch heute das Christfest vorbereiten. Großreinemachen - muss alles sein! Schaffen noch und noch!... Und das ist das, meine lieben Freunde, wozu ich heute hier bin, Ihnen so Vieles mit auf den Weg gebe, dass Sie sich wirklich auf das Heilige Fest vorbereiten. Sie müssen festlich sein, Sie müssen dabei sein, Sie müssen sich von allem Bösen lösen! Sie müssen empfangsbereit sein, dass Sie das empfangen können, dass dann in Ihrem Körper die Ordnung wieder zustande kommt. Sie können nichts verstecken. Einige wenige von Ihnen, die wissen es, dass man durch jeden Körper schauen kann, auch wenn er, der Körper nicht gegenwärtig ist."

Bruno Gröning hat uns gelehrt: An Weihnachten hat jeder Mensch bei Gott einen Wunsch frei, einen Herzenswunsch. Wünschen Sie sich von ganzem Herzen Ihre Gesundheit, glauben Sie, dass Gott Ihnen diesen, Ihren Herzenswunsch erfüllt! Er ist allmächtig. Er kann es, also glauben Sie es auch! Machen Sie Ihr Herz auf! Wenden Sie sich vom Bösen ab und ganz dem Guten, dem Göttlichen zu! Lernen Sie Ihren Nächsten zu lieben, so wird Ihr Herzenswunsch in Erfüllung gehen.

Nehmen Sie die Stille der Heiligen Nacht in sich auf, nehmen Sie das Kind auf in Ihrem Herzen und sind Sie gut zu Ihm das Jahr über, gut zu jedem Menschenwesen, in dem es wohnt, zu jedem Tier, zu jeder Pflanze in der das Göttliche wohnt. So werden Sie den Segen erhalten und behalten. Singen Sie aus vollem Herzen: „Christ, der Retter ist da!"

Es ist die Wahrheit!

Du müder Wanderer

Du müder Wanderer, der Du sitzt in Not,

Mach Dich auf den Weg und suche Gott.

Viele Hände sind schon bereit,

Dir zu helfen aus Deinem Leid.

Hab' nur Vertrauen und glaub' an Gott

Und bald vergessen ist Deine Not.

Merke Dir gut, dass Du es nicht vergisst,

Mit IHM bist Du alles

Ohne IHN - ein Nichts.

(Walter - Wilhelm Busam)

Mein Brief an die Ärzte

Abschrift, ohne Datumsangabe, ohne Adressangabe

Vorbemerkung des Herausgebers: Seit Januar 1954 heilte Bruno Gröning keinen einzigen Menschen mehr, womit er sich an ein entsprechendes Gerichtsurteil hielt. Stattdessen lehrte er die Menschen sich zum Guten zu ändern. Als besonderes Instrument hierfür besuchte er nun unermüdlich eine Gemeinschaft nach der anderen. Der Ansturm der Massen und die Presseberichte ebbten stark ab. Die Freunde mussten sich an eine ganz andere Situation gewöhnen, viele verliefen sich. Hatte er doch zuvor Hunderttausende geheilt, so war seine Zeit scheinbar abgelaufen. Tatsächlich aber begann er damit sein Werk systematisch für die Nachwelt aufzuarbeiten. Einige wenige, die über eine außerordentliche Intuition verfügten, kamen hinzu ohne zu ahnen welch wichtige Aufgabe Sie übernehmen würden; Aufgaben welche die Lehre vor dem endgültigen Untergang bewahren würden. Dazu gehörte nicht nur der damals 13 jährige Verlagsgründer Walter Wilhelm Busam, sondern eben auch jene Autorin, die dieses Buch verfasste und durch Ihre einfach unkomplizierte Art vielen Menschen das Wesentlich vermitteln konnte. Genau in jener Zeit des Umbruchs Stand Sie eines Tages vor Bruno Gröning, wovon Sie in Ihrem folgenden Brief berichtete. Uns allen, die nach ihr kamen hinterließ Sie dieses wunderbare Werk, indem ihr lebendiger Geist noch immer deutlich zu spüren ist und noch vielen , sehr vielen Menschen weiter helfen kann.

Der Brief der Anneliese Bollack:
Als ich damals <1955> an Weihnachten entlassen wurde, sagte mir Herr Dr. Clar, ich sollte mir vom Christkindl eine „Eins" für meine Augen schenken lassen. Da wusste ich, dass mir Men-

schen gar nicht helfen können. Aber ich wollte gesund werden!

Acht Tage vor Weihnachten hatte ich einen Traum. Ich stand in einer Kirche, und da war ein großes Kreuz. Unter diesem Kreuz (Siehe Buchcover: Almanach - Gesamtausgabe) wurde ich gesund. Jenen Traum habe ich meinem Mann erzählt und ihn gebeten mit mir nach Lourdes zu fahren, weil ich glaubte, dort gesund zu werden. Wir sind nicht reich, und eine Fahrt nach Lourdes kostet viel Geld. Aber mein Mann sagte: „Wir sparen, und dann gehen wir nach Lourdes, denn Du sollst gesund werden."

Als wir in einem Speiselokal wieder von diesem Thema sprachen, fragte eine Frau, warum ich nach Lourdes wolle, ob ich nicht zu Bruno Gröning gehen wolle. Ich sagte ihr: „Der ist doch schon lange tot, der hat doch Selbstmord begangen.", so hatte ich es einmal in einer Zeitschrift gelesen. Daraufhin sagte mir die Frau: „Nein, der kommt nach Mannheim auf eine Weihnachtsfeier." Wir gingen hin. Mein Mann begleitete mich und sagte gleich: „Wenn ich merke, dass man Dich hypnotisieren will, oder es ist sonst etwas nicht in Ordnung, dann geh ich sofort mit Dir raus." Herr Gröning kam, und es war eine Weihnachtsfeier, wie viele andere auch. Am Schluss gab Herr Gröning jedem die Hand, und da fragte er mich, ob ich glaube, dass ich gesund werde. Ich sagte: „Ja." Daraufhin antwortete er: „Wenn Sie schwach werden, dann will ich für Sie glauben."

Nach dieser Weihnachtsfeier fühlte ich mich besser. Ich hatte mehr Kraft, und mein Augenlicht ging auch nicht mehr so oft weg wie vorher. Meine Familie und auch mein Mann glaubten nicht daran, darum ging ich nicht zu den Gemeinschaftsstunden, zu welchen man mich eingeladen hatte.

Da ich noch stets zur den vielen Abschluss-Untersuchungen nach Heidelberg fuhr, stellte man immer fest, dass meine Augen schlechter wurden. In der Augenklinik wurde ich jeweils zum Abschluss der Untersuchung einem Professor vorgestellt. Diesem sagte dann der Arzt die Zahlen. So habe ich immer erfahren, wie es um meine Augen stand. Abschließend musste ich den Befund in die Chirurgische Klinik tragen. Der Stationsarzt sagte mir, er müsse ein Papier von mir suchen, und ich solle mitkommen. Er rannte mit mir in den 4.Stock, es ging treppauf und - ab, dann sagte er mir: „Der Befund ist der gleiche, Sie können wieder gehen." Ich wusste aber, dass es gelogen war. Auch wusste ich, dass, falls ich beim Treppensteigen versagt hätte, sehr wahrscheinlich hätte dort bleiben müssen.

Als ich heimkam, sprach ich mit meinem Mann. Ich sagte ihm: „Gut, Du glaubst nicht daran, dass mir Bruno Gröning helfen kann, aber ich glaube an Wunder, und ich brauche auch diesen Menschen. Ich will Dich nicht überzeugen, aber ich bitte Dich, lasse mich meinen Weg gehen, denn es ist meine Gesundheit, um die es geht." Von da an besuchte ich die Gemeinschaftsstunden. Bruno Gröning war dort nicht anwesend, nur Menschen, die durch ihn gesund wurden oder werden wollten. Weil ich immer noch nach Heidelberg ging, erfuhr ich, dass meine Augen sich langsam besserten, auf keinen Fall aber verschlechterten. Nun war ich mir sicher, auf dem richtigen Weg zu sein.

Nachdem ich aus der Universitätsklinik Heidelberg entlassen worden war, konnte ich in meinem Haushalt nichts machen. Wenn ich mich bückte und dann wieder aufrichtete, sah ich für ein paar Minuten nichts mehr. Der Stationsarzt sagte mir bei meiner Entlassung: „Wenn Sie Ihr Augenlicht verlieren, dann müssen Sie innerhalb einer Stunde operiert werden. Kommen Sie mit der Feuerwehr und lassen Sie gleich anrufen, damit wir alles vorbereiten können zur Operation, dann kann man Ihnen einen Teil Ihres Augenlichts erhalten. Wenn Sie später kommen, dann ist es zu spät."

So können Sie es sich vielleicht vorstellen, dass ich immer Angst hatte, kommt es wieder, oder Muss ich schnell fort. Nachts schlief ich nicht mehr, ich wachte alle halbe Stunde auf und riss die Augen auf, um zu prüfen, ob ich noch sehe, denn ich wollte doch nicht die Stunde verschlafen. Ich hatte furchtbare Angst! Das war das Schlimmste, die Angst hat mich bald zum Wahnsinn getrieben.

Stellen Sie sich so ein Leben vor, dann werden Sie zugeben, das hält kein gesunder Mensch aus, der wird verrückt dabei, und ich, ich war nicht gesund, ich war so schwach wie nie zuvor in meinem Leben. Von der Krankenkasse wurde mir mitgeteilt, ich solle Invalidität beantragen. Ich wollte es nicht. Ich wollte gesund werden und arbeiten und nicht mit 30 Jahren Invalide sein. Ich wusste, nehme ich das Geld, so ist es eine große Gefahr für mich. Jetzt unterstützten mich alle in meinem Willen zur Gesundheit, bekam ich aber das Geld, dann würden sie sagen: „Sei froh mit dem was Du machen kannst, Du bekommst doch Geld und da kannst Du Dir eine Frau nehmen für die grobe Arbeit." Auch war dies für meine geistige Einstellung sehr wichtig. So war ich nur krank und die meisten Kranken werden wieder gesund, aber Invalide, das wäre für mich wie ein hoher Berg gewesen, den die wenigsten schaffen. Halten Sie mich für dumm!? Aber mein Mann hat mich verstanden und die zu mir gehören ebenso.

Ja,- und dann kam im Mai Herr Gröning nach Mannheim, und ich besuchte seinen Vortrag. Er sprach über die Angst. Er sagte: „Die Angst ist der schlimmste Feind des Menschen und ein Mensch der Angst hat, handelt immer falsch."

Da lernte ich, dass es falsch ist, nicht mehr ruhig und fest zu schlafen. Jeder Mensch braucht seinen Schlaf. Bruno Gröning sagte, man solle an die Stelle von Angst zwei Worte setzen: Glauben und Vertrauen! Glauben an GOTT und IHM vertrauen, dass Er es schon richtig macht, dann wären alle Sorgen und Befürchtungen schon unnötig.

Von diesem Vortrag nahm ich viel Kraft mit nach Hause. Ich konnte meinen Haushalt wieder alleine machen, ohne Hilfe, auch konnte ich mich bücken, ohne dass mein Augenlicht wegblieb. Sie, die Angst, war mir ja doch nur ein Hindernis auf meinem Weg zur Gesundheit. Ich lernte, Gott zu vertrauen und war nun ganz sicher, dass ich die Stunde, die für meine Gesundheit wichtig ist, nicht verschlafen würde. Im August kam Herr Gröning wieder, und da hatte ich es geschafft. Ich nahm mir ein 2 Wochen altes Kind in Pflege und habe es und meinen Haushalt versorgt.

Wie Ihnen aus meinen Akten bekannt ist, hatte ich allezeit Kopfschmerzen. Wenn es kein wilder Schmerz war, so wie Zahnweh, dann hatte ich aber doch stets diesen Druck im Kopf. So ähnlich, wie wenn man einen zu engen und zu schweren Stahlhelm trägt. Nach der Weihnachtsfeier war ich vollkommen ohne Schmerzen, aber allgemein, wenn ich Herrn Gröning begegnete, hatte ich sehr starke Schmerzen. Es war, als hätte ich ein Gewitter im Kopf. Es wurde manchmal ganz heiß wie Feuer, dann wieder Schmerzen, als würden Nadeln durch den Kopf gezogen, dann war wieder so ein starkes Rauschen in meinen Ohren, dass ich zeitweise nichts mehr hören konnte. Sobald der Vortrag zu Ende war, waren auch alle Schmerzen fort, auch wenn Herr Gröning noch zugegen war. Ich weiß nicht, ob das wichtig ist, aber ich habe in meinem Leben noch nie ein Taschentuch gebraucht, und Schnupfen kannte ich auch nicht, obwohl ich ja durch die Nase einwandfrei wie jeder andere Mensch atmen konnte.

Nach einem Vortrag in Stuttgart, ich hatte schon über ein Jahr gearbeitet und mich gesund gefühlt, hatte aber allezeit noch Schmerzen, wenn ich Herrn Gröning begegnet bin, und nach jenem Vortrag ging ich in mein Hotelzimmer, und dort spürte ich, dass mir etwas aus der Nase lief. Ich schaute in den Spiegel und sah, es war Wasser und ein dünner Blutfaden. Ich verbrauchte ein Paket Tempotaschentücher, und es hörte nicht auf. Ich ging zu Bett und legte ein Handtuch über das Kopfkissen, weil ich es nicht beschmutzen wollte. Morgens waren auf dem Handtuch viele Blutflecken. Von da an musste ich ungefähr drei Wochen lang die Nase putzen. Es war aber kein Wasser und Blut mehr, sondern normale Ausscheidungen der Nase, so wie man sie anschließend an einen starken Katarrh hat. Nach weiteren 3 Wochen kam aus meiner Nase etwas Hartes heraus. Es sah aus wie ein „H" und war ungefähr 1 cm groß. Von da an waren bei mir die Ausscheidungen normal, wie bei jedem gesunden Menschen. Auch hatte ich keine Schmerzen mehr, wenn ich Herrn Gröning sah.

Nun ist Herr Gröning schon lange nicht mehr auf der Welt, und ich bin immer noch gesund. Vor 4 Jahren habe ich einen Jungen adoptiert, der jetzt 5 Jahre alt und sehr wild ist. Halt ein richtiger Lausbub. Von 5:00—8:00 Uhr gehe ich putzen, wenn mein Mann von der Arbeit heimkommt. Mein Tag ist angefüllt mit 11 bis 12 Stunden Arbeit. Vor 3 Jahren hat mich Dr.Heinze untersucht. Ich ging zu ihm, weil mir etwas ins Auge geflogen war. Er sagte, ich hätte eine -1-. Ich sagte: „So bin ich gesund." Er erwiderte: „Nein, gesund ist 0." Ich hatte mir halt immer eine -1- gewünscht, weil mir das Dr.Clar gesagt hat. Ich dachte, das sei die Wertung für „gesund." Was ich nunmehr habe, weiß ich nicht, es interessiert mich auch nicht.

Die Hauptsache für mich ist; ich bin gesund und kann meine Familie versorgen und fühle mich wohl. Überdruck habe ich immer noch, aber der zieht durch die Ohren ab. Ich weiß nicht wieso und warum, ich weiß nur, es ist so. Links spüre ich nichts, aber rechts spüre ich dies wie einen Pulsschlag. Lege ich das Ohr auf ein Kissen, dann höre ich, wie das raus geht, so wie ein Wind. Ich kann das nicht besser beschreiben. Wenn ich meine Periode bekomme, kann es bei schwerer Arbeit passieren, dass mir das Ohr „zufährt", als wenn man wie mit dem Auto schnell einen Berg hinauffährt, da geschieht es gelegentlich auch. Wenn das Ohr zu ist, bekomme ich Kopfschmerzen. Dann muss ich dafür sorgen, dass das Ohr sich wieder öffnet. Das bedeutet, dass ich mich ruhig hinlegen Muss, mich entspannen und konzentrieren muss.

Das habe ich bei Bruno Gröning gelernt. Er sagte, so könne man die Göttliche Heilkraft empfangen, die um uns ist und die wir für unser Heil und die Heilung brauchen. Sie sehen also, an mir ist kein Wunder geschehen, sondern als ich merkte, dass Menschen mir nicht helfen können, da wandte ich mich an Gott, weil ich das Gefühl hatte, nur Er allein kann mir helfen. Er hat mir geholfen. Ich bin auch heute noch davon überzeugt, dass Gott mich zu Bruno Gröning geführt hat, damit jener mir den Weg zeigt, wie ich mich zu verhalten habe, um gesund zu werden.

Es ist mir bekannt, dass viele Ärzte nichts von geistiger Heilung halten. Aber ich glaube, kein aufgeschlossener Mensch wird, nur weil er es nicht kennt, behaupten, das gibt es nicht. Es gibt ja auch Fernseh- und Radiowellen, so gibt es auch Heilwellen. Genauso wie der Verkäufer eines Radios erklärt, wie man es anschließen und einstellen muss, so hat mir Bruno Gröning erklärt, wie ich mich verhalten muss, um die Göttliche Heilkraft zu empfangen.

Wenn ich Ihnen das so genau schreibe, dann tue ich es, damit sie verstehen, dass ich auf ganz natürliche Weise gesund wurde und nicht denken: „Aha,- Wunderdoktor - Wunderheilung!" - Ich hatte vor 4 Jahren das linke Bein gebrochen. Der Arzt hat es genäht, eine Nadel durchgezogen und in Gips gelegt. Ich lag sechs Wochen im Krankenhaus und bekam keine Medikamente und nichts. Niemand sprach von einem Wunder, dass mein Bein geheilt ist. Niemand nannte den Arzt einen Wunderdoktor. Ich fragte ihn, wer mein Bein geheilt hat, er sagte: „Das macht die Natur. Wir richten es nur ein, dass es richtig wird."

Der Arzt, der mir das Bein gerichtet hat, sagte zu mir: „Sie müssen ruhig liegen, sonst kann es nicht heilen." Bruno Gröning, der mir den Weg gezeigt hat und gesagt hat: „Sie müssen ruhig werden, sonst kann ES nicht heilen." Nach meiner Ansicht taten beide das gleiche und „ES" heilte. Nennen Sie das „ES", „Gott", „Natur" oder wie immer Sie wollen.

Ich bin eine einfache Frau, mir ist der Name GOTT gut und genug. Sollte es irgend einem Menschen helfen, wenn ich mich untersuchen lasse, so bin ich bereit dazu. Für mich ist eine Untersuchung nicht nötig, da ich immer noch Mitglied der Gemeinschaft Bruno Grönings bin und noch die Gemeinschaftsstunden besuche.

Können Sie mit meinem Bericht nichts anfangen, dann können Sie ihn vielleicht an Herrn Dr.Oesterreich weiterleiten. Ich war seine Patientin in der Neurologischen Klinik, Voss-Str.2. Ich schulde ihm viel Dank, und vielleicht kann er etwas damit anfangen.

Hochachtungsvoll (gez.) Bollack, Anneliese

Bitte beachten Sie: Bruno Gröning wollte nicht, dass wir Freunde mit den Erfolgen, die wir durch seine Lehre erleben, hausieren gehen. Nur dann, wenn wir von einem Menschen auf die Heilung angesprochen werden, sollen wir ihm die ganze Wahrheit kundgeben. Erst dann, wenn wir gotthörig geworden sind (d.h. nach der endgültigen Vollheilung), können wir uns selbsttätig an Außenstehende wenden, sowie wir es dann klar vernehmen. Auch Jesus sprach zu etlichen Geheilten, dass man ihn nicht vor seiner Zeit ruchbar machen solle.

Zum Heimgang Bruno Grönings

Meine lieben Freunde!

Da mir das Geschehen um den Heimgang unseres Freundes und Lehrmeisters Bruno Gröning auch heute noch unbegreiflich ist, habe ich bisher noch nie darüber geschrieben.

Vielleicht ging es anderen Freunden genauso. Trotzdem glaube ich, dass wir die Pflicht haben, darüber zu berichten. Wenn wir auch heute noch nicht verstehen, was damals vor sich ging, so können die nach uns kommen, es vielleicht verstehen.

Es war am 26. Januar 1959. Mittags um 13.00 Uhr fing es bei mir an. Auf einmal konnte ich nicht mehr sitzen. Am ganzen Körper bekam ich Schmerzen. Ich habe alles getan, um sie loszuwerden, was ich gelernt hatte. Wie man aus meinen Berichten weiß, hat sich bei mir die Unordnung nur im Kopf abgespielt.

Am Körper hatte ich nichts gehabt, der war immer frei gewesen. Nun, an diesem 26. Januar, tat mir der ganze Körper weh, nur nicht der Kopf. Die Schmerzen strahlten von den Nieren aus und gingen über den ganzen Körper. In meiner Not ging ich ins Bett, aber auch das half nichts.

Ich konnte nicht liegen, sitzen und auch nicht stehen. So hüpfte ich im Bett herum wie eine Wahnsinnige. Mein Mann weiß, dass ich schon was aushalten kann. Als er nun meine Not sah, kam er ans Bett und nahm meine Hand. Das gab mir Kraft und Ruhe, und ich schilderte ihm, was ich hatte und dass ich das nicht verstehen konnte.

Kurz vor 14:00 Uhr fiel alles von mir ab, und ich war wieder ganz frei, konnte aufstehen und meine Arbeit tun. Es ließ mir aber doch keine Ruhe, denn ich verstand nicht, was da geschehen war, und so nahm ich mir vor, zu meiner damaligen Gemeinschaftsleiterin Frau Puchalka zu gehen und ihr das zu schildern. Vielleicht hatte sie eine Erklärung dafür.

Am 27.1.1959 ging ich dann so um 2:00 Uhr zu ihr. Ich erzählte, was ich am Tag vorher erlebte. Sie sagte: „Stell dir vor Anneliese, ich hatte um die gleiche Zeit auch ein Erlebnis mit Bruno." Sie war mit Herrn Gröning auch privat befreundet und hatte viel mehr menschlichen Kontakt zu ihm denn ich. Sie besuchte ihn oft in seinem Haus in Plochingen und war auch viel mit ihm auf Reisen. Dies muss man wissen, um das Erlebnis zu verstehen.

Sie berichtete: So kurz nach 1:00 Uhr hätte sie sich auf die Couch gelegt und darüber nachgedacht, was für Blumen sie kaufen sollte, wenn sie wieder zu Herrn Gröning fahren würde. Sie sei wahrscheinlich darüber eingeschlafen, und auf einmal hörte sie die Stimme von Bruno, der sagte: „Zur Begrüßung Mimosen und dann blaue und rote Nelken." Bruno sei immer größer geworden und immer weiter weggegangen, bis er ganz oben an der Decke war; da hätte er den Finger gehoben und ihr damit zugewinkt, wie man es bei einem Kind macht, zu dem man sagen will: „Pass auf, tue es nicht!" Und dann sei er weg gewesen und sie sei aufgewacht, und da war es 13:45 Uhr. Wir wunderten uns noch über die blauen Nelken, keiner von uns hatte bis dahin je blaue Nelken gesehen.

Ich habe dann noch etwas herumgenörgelt, denn ich fand ihr Erlebnis viel schöner als meines. Wer hat schon gern rasende

Schmerzen? Bruno sehen und ihn sprechen hören, das ist eine andere Sache, das hätte ich auch gern erlebt. Frau Puchalka machte es aber sehr zu schaffen, dass er den Finger gehoben hat und was er wohl damit meinte. Sie zeigte mir einen Artikel in der Bildzeitung, in dem stand, dass Bruno in einem Krankenhaus in Paris sei. Wir beide haben das aber nicht geglaubt. Frau Puchalka war an Weihnachten noch bei Herrn Gröning in der Wohnung gewesen, und bei uns war er noch im November und hat einen Vortrag gehalten. So glaubten wir kein Wort.

Auf einmal ging das Telefon. Dies stand im Arbeitszimmer, und Frau Puchalka ging herüber. Auf einmal hörte ich, dass sie mit Frau Gröning sprach. Da bin ich sofort rüber, denn ich dachte, wir hören was von Bruno. So war es auch. Die Begrüßung war von Frau Puchalkas Seite voller Freude, als ich aber in die Tür trat, sah ich sofort an ihrem Gesicht, das ohne Farbe war und ganz lang und schmal wurde: Da stimmt was nicht. Sie fing dann auch an, zu weinen. Das Gespräch war nur kurz. Ich führte sie zurück ins Wohnzimmer, und da erzählte sie mir dann: Frau Gröning hätte sie aus Paris angerufen, um ihr mitzuteilen, dass Bruno Gröning gestern Mittag um 13:45 Uhr heimgegangen sei. Sie wolle nicht, dass Doris dies aus den Zeitungen erfahren soll, deshalb ihr Anruf. Nur derjenige, der weiß, was uns Bruno Gröning war, kann erfassen, was das für uns bedeutet hat. Ich konnte das nicht fassen. Wohl hatte ich es verstanden, aber noch nicht begriffen. Auch hatte ich alle Hände voll zu tun mit Frau Puchalka. Für mich war das auch viel einfacher, meine Verbindung war mit kurzen Ausnahmen auf das geistige Gebiet verlagert, und das ging weiter, da gab es keine Trennung, das hatte ich von ihm gelernt, und daran glaubte ich, und das gab mir Halt. Was nach diesem Anruf geschah, kann man nicht schildern. Mir schwanden die Sinne.

Meine Erinnerung setzt wieder ein, als Frau Puchalka sagte: „Ich bin so froh, dass du bei mir bist. Eigentlich ist doch heute gar nicht unser Tag, und es ist das erste Mal, dass du außer der Reihe gekommen bist." Da stellten wir dann fest, unsere Erlebnisse waren genau zu der Zeit vor Brunos Heimgang. Wir erkannten: Diese Erlebnisse hatten einen Sinn; nur welchen Sinn sie hatten, erkannten wir leider noch nicht.

Zur Trauerfeier fuhren wir nach Plochingen. Doris brachte roten und blauen Nelken mit. Ich war sprachlos. Sie erklärte mir, sie sei in den Blumenladen gegangen, und da hätte sie blaue Nelken gesehen. Die Verkäuferin hätte ihr erklärt, das sei eine neue Züchtung. So hätte sie für Frau Gröning Mimosen gekauft und für Bruno blaue und rote Nelken, wie er es sich gewünscht hätte. Alle waren über diese blauen Nelken erstaunt und noch mehr, als sie hörten, dass Bruno Gröning das gesagt hat. Ich schilderte den Freunden auch mein Erlebnis, die wohl nicht schön, aber dennoch bedeutungsvoll waren, da es in der Stunde vor dem Heimgang von Bruno Gröning geschah und es der eigentliche Anstoß war, dass ich bei meiner Freundin und Gemeinschaftsleiterin Doris Puchalka war, als sie die Nachricht von seinem Heimgang erhielt. Da schilderte jeder Freund sein Erlebnis. Jeder hat in der Stunde vor seinem Heimgang etwas erlebt. Jeder was anderes. Uns wurde klar, seine Worte „Ich bin hier und überall zugleich" sind Wahrheit.

So kann ich mich noch erinnern, dass Frau Anny Ebner von Eschenbach damals auch ein Erlebnis hatte. Nach der Trauerfeier in der Kirche sind wir dann mit der Urne auf den Friedhof gefahren.

Dort sagte Anny Ebner von Eschenbach, dass Bruno uns sagen

ließe, er sei auch weiterhin bei uns, mehr denn je, und es ginge alles weiter. Vielleicht erinnern sich Freunde noch daran, die auch dabei waren. Sie hat uns dann noch geschildert im engen Freundeskreis, wie sie zu dieser Botschaft für uns kam. Nur halte ich mich nicht für berechtigt, dies hier zu schildern. Frau Gröning hat uns später bei einem Gespräch gesagt, dass bei fast allen Freunden Ungewöhnliches geschehen ist in der Stunde vor Bruno Grönings Heimgang.

Was sagt Bruno Gröning selbst zu seinem Heimgang?
„An diesen meinen von Gott gegebenen Körper bin ich gebunden. Wenn ich ihn eines Tages verlasse, wird das die schönste Stunde meines Lebens sein, denn dann bin ich frei und hier und überall zugleich."

In Mannheim hat er über dieses Thema nur einmal einen Vortrag gehalten, Ich war damals schon gesund, und so hab ich sehr aufmerksam zugehört. Auch hier war ein Umlernen und Umdenken nötig.

Das fing schon bei der Geburt an. Er sagte: Wenn ein Mensch geboren wird, dann freuen sich die Menschen, umgekehrt wäre richtiger: Sie würden weinen, wenn er kommt und sich freuen, wenn er heim darf.

Aber er zeigte Verständnis und sagte: „Wir wissen es nicht besser. Dann geht es los nach der Geburt. Die Oma und Opa stiften ein Sparbuch. Der Vater bestimmt gleich die Schule und Beruf, und jeder macht Pläne, dabei wisse doch keiner, was diesem Menschenkind von Gott bestimmt ist. Das Einzige, was Menschen 100%-ig wissen, wenn einer geboren wird, davon wollen sie nichts wissen, das schieben sie zur Seite, davon wird nicht gesprochen und auch nicht zur Kenntnis genommen. Das Einzige, was man wirklich mit Bestimmtheit weiß von diesem Kind, sei, dass es eines Tages diese Erde wieder verlassen muss. Er geht wieder heim. Man nennt das „Tod". Dies sei aber nicht so, sondern, was man Tod nenne, sei nur ein Durchgang. Aber auch das wüssten wir nicht mehr. Bruno Gröning sagte, er wüsste, wann er von dieser Erde gehe, und er könne es aufschreiben und in einem Tresor hinterlegen. Er sehe aber keinen Sinn darin, dies zu tun. Wir wüssten nicht den Tag und die Stunde, und das sei auch gut für uns. Er könne das tragen, weil er doch etwas mehr wisse als wir. Nicht viel, aber doch ein winziges bisschen mehr. Er sagte uns noch: Manch einer wird dort das Staunen lernen, der sich hier so viel auf sein Wissen einbildet. Mancher, der hier Macht hat, ist dort drüben nicht viel, und mancher, der hier Menschen belehrt, sitzt dort auf der Schulbank und wird selbst belehrt. Welch ein Glück für jedes Menschenkind, wenn es hier schon beginnen darf, hier schon lernen darf, das Geistige zu begreifen und zu erkennen. Man kann nur jeden beglückwünschen, der beginnt und auch weiter geht auf diesem Weg, egal, welchen Stand er hier hat.

Ich danke Gott, dass ich Bruno Gröning und seine Lehre kennen lernen durfte. Sie hat mir viel Wissen, Erkenntnis und Glück gebracht. Er sagte uns in diesem Vortrag noch: Wir müssten uns wieder darauf besinnen, wer wir sind, wieder das tun, was Gott für uns bestimmt hat, uns fragen, warum uns Gott dieses Erdenleben gegeben hat und warum er uns dazu diesen unsern herrlichen Körper gegeben hat. Wir müssten wieder lernen, auf dieses göttliche Geschenk zu achten und ihn richtig führen, uns wieder besinnen, wer wir sind, uns voll dem zuwenden, zu dem wir gehören, uns wieder in die göttliche Führung begeben, wieder Gott vertrauen, dann würden wir auch eines Tages das Wissen erhalten, wohin wir gehören und keine Angst mehr haben vor dem Tod. Wir wüssten dann wieder, dass wir heimgehen und dann frei sind.

Ja, liebe Freunde, an diese seine Worte in diesem Vortrag habe ich schon oft denken müssen, immer wenn es hieß, von einem guten Freund, Verwandten oder lieben Bekannten Abschied zu nehmen. Vor allem habe ich mir alles in Erinnerung gerufen, als er mit seinem Körper von uns ging. „Ich bin hier und überall zugleich!" An diese seine Worte habe ich mich geklammert. Darauf habe ich vertraut und auch gebaut. Ich sagte mir: „Wenn ich jetzt rufe, ist er immer gleich da." Ich tat es, und es stimmte.

Viel geistiges Wissen hatte ich damals noch nicht. Das war ja so einfach, hatte man Sorgen oder irgendwo einen Schmerz, dann kam ja Bruno Gröning, da konnte man das los werden. Wünschte man sich, dies oder das zu erfahren, dann musste man es nur fest wünschen, und ganz bestimmt gab er Antwort in seinem Vortrag. So hatte ich das gemacht. Nun war das aber doch etwas anderes. Es hat nicht lange gedauert, und ich habe erkannt: Ich muss lernen. In dieser schweren Zeit nach Bruno Grönings Heimgang, hat mir Erich Bavay viel geholfen, und von ihm habe ich viel gelernt. Er war sehr viel mit Bruno Gröning zusammen und hat „Die Nacht der 30.000" am Traberhof miterlebt. Er hat auch eine wunderbare große Heilung erfahren und über viel geistiges Wissen verfügt. Bei ihm habe ich sehr viel gelernt, vor allem selbstständig zu werden. Das war für uns alle sehr schwer. Hatte man nun Fragen, so konnte man nicht einfach zu Bruno gehen oder anrufen. Da haben wir gelernt, unsere Fragen mit in die Konzentration zu nehmen, und da bekamen wir Antwort. Auch hat man die Nähe der Freunde gesucht, die Wissen hatten. Ganz allein auf sich gestellt, schafft das keiner, auch wenn er noch so viel Wissen hat. Da geht er leicht einen Irrweg und versetzt sich in einen Glauben, der aber ein Irrglaube ist. Man muss sich immer wieder an der Lehre orientieren und ausrichten.

Das kann man nicht allein, dazu braucht man die Hilfe der Freunde. Auch diese Worte von Bruno Gröning sind Wahrheit: „Ihr werdet immer Schüler bleiben, solange ihr lebt."

Bruno hat viele Freunde darauf hingewiesen, in der Bibel zu lesen. Er sagte oft: „Da erfahren Sie dann mehr." Ich lese gern und oft in der Bibel. Da wurde mir vor allem klar: Christus hat den Tod überwunden, er ist auferstanden, also brauch ich da keine Angst mehr zu haben. Das Tor ist frei, ich muss nur Christus nachfolgen. Eines Tages, als ich einen Trauerfall hatte, sagte mir mein Mann: „Du wirst doch nicht auch so egoistisch sein und nun jammern, wegen dem was du verloren hast." Ich wehrte mich und sagte: „Ein Abschied ist halt schwer, so ein- seitig kann man das nicht sehen." Aber von da ab hörte ich zu, wie sie trauerten, die Menschen, und ich fand viel Egoismus, auch in meiner Trauer. Man sieht ihn nicht mehr, man hat ihn nicht mehr, und was hatte man doch für Freude mit ihm, und was hat er alles getan. Ja, liebe Freunde, das ist doch Egois- mus, da hatte doch der Mann recht.

Wer nun aber sagt: „Der ist aber nicht mehr", der irrt sich und das ganz gewaltig. Auch hat sich dieser Mensch noch nicht umgeschaut in der Welt, in der er lebt. In der Bibel steht: „Wer Augen hat, der sehe." Benützt doch diese eure Augen, seht doch euch um in dieser Welt! Ihr habt doch die Möglichkeit und Gabe, um die Zusammenhänge zu erkennen.

Eines Tages stand ich mit meinem Jungen vor einer Raupe, aus der ein Schmetterling schlüpfte. Eine andere Raupe kroch vorbei und schnüffelte etwas an der alten, verbrauchten Larve herum. Da kam mir die Erkenntnis: Bei uns Menschen ist es genauso wie hier. Die Raupe verwandelt sich in einen Schmetterling und fliegt fort. Sie ist frei, und ein herrliches Leben beginnt für sie. Nun fliegt sie von Blume zu Blume. Sie macht den Menschen Freude mit ihrem Dasein gegen vorher, wo sie nur an dem Baum kriechen konnte und nur ein kleines Blickfeld hatte, wenn überhaupt eins. Das ist doch eine Verwandlung, die ungeheuer ist.

Das weiß aber nur ich, der Mensch, weil ich das sehen, begreifen und fassen kann. Die Raupe, die zurückblieb, weiß das ja nicht. Da kamen mir Gedanken, und ich erzählte sie meinem Jungen: „Schau, die Raupe, die zurückbleibt, die weint jetzt, weil sie nicht weiß, dass das nun ein schöner Schmetterling ist. Sie sieht nur die Hülle die zurückbleibt und weint und klagt: »Warum bist du tot? Wir haben doch so viele schöne Blätter, und da könntest du doch hier sein. Was hättest du es schön hier mit mir.«" Seit ich das erlebt habe, weiß ich, es gibt keinen Tod, sondern nur ein anderes Leben. Vielleicht weine ich auch wieder, wenn ich einen mir lieben Menschen hergeben muss.

Ich bin nur ein Mensch und nicht frei von Egoismus. Seither habe ich aber auch den Gedanken: Er hat es besser. Ihm geht es so gut, dass ich mir das gar nicht vorstellen kann, so, wie es sich die Raupe nicht vorstellen konnte.

Das gibt mir Zufriedenheit, und ich freue mich dann für den, der heimgehen durfte und die Verwandlung schon erleben durfte. Auch weiß ich, dass ich alle, die ich liebe, eines Tages wiedersehe. Das steht auch in der Bibel: „Was auf Erden gebunden ist, ist auch im Himmel gebunden." Also, wenn ich in Liebe mit ihnen verbunden bin, dann sehe ich sie wieder. Darauf freue ich mich, sind wir doch ehrliche Freunde. Hier auf dieser Erde gibt es kein vollkommenes Glück. Bei uns gibt es ein Sprichwort: „Ein jedes Haus hat sein Kreuz." Ein indisches Sprichwort sagt: „Freud und Leid ist in einem Sack, wer das eine nicht will, kann das andere nicht haben." Das ist doch Wahrheit. Kinder machen uns die größte Freude und bringen uns auch großes Leid. So ist es mit allem, überlegen Sie selbst. So ist es doch nicht schwer, sich ein besseres Leben vorzustellen. Ich weiß nur, es ist schöner und besser, aber nur, wenn ich lerne, wenn ich gut bin, und zwar so gut ich kann. Das heißt, hier muss ich mein Leben so leben, dass ich eines Tages, wenn ich heimgehe, vor Gott, meinem Vater, bestehen kann. Das kann ich niemals, wenn ich mich nach dem anderen, besseren Leben sehne und mir das ausmale. Das kann ich nur, wenn ich nach den Worten von Bruno Gröning, dieses mein mir von Gott geschenktes Leben liebe.

Brunos Worte: „Liebet das Leben – Gott – Gott ist überall!"

Ja, Freunde, das tue ich. Ich liebe dieses Leben, denn es ist schön. Es ist herrlich, zu atmen, zu riechen, zu fühlen, zu sehen und was man in diesem Leben alles kann. Vor allem das Lieben ist herrlich. Die Menschen, die Tiere und die Pflanzen, die Natur, um nur ein paar Wichtige zu nennen.

Ja, ich liebe Freud und Leid, denn durch das Leid weiß man,

die Freude erst richtig zu schätzen. Frage dich, ob du das Leben liebst. Wenn noch nicht, dann mache dich auf, und suche Gott!

Bruno Gröning sagte: „Mit Gott bist du alles, ohne ihn ein Nichts!"

Das ist hier so, und wo wir einst hingehen, ist es auch so. Also, fang beizeiten an, das hab ich auch gemacht, als ich in Not war. Ich habe Gott gesucht und meinen Nächsten lieben gelernt, und alles kam dann von ganz allein.

Im Fernsehen sah ich eine Sendung über die Medizin, die heute schon sehr weit. Es gelingt ihr, Menschen, die klinisch tot sind, zurückzuholen. Ja, und diese Menschen berichten nun übereinstimmend, in der ganzen Welt und ohne Verbindung untereinander zu haben, die gleichen Sachen. Sie erzählen, dass sie raus sind aus ihrem Körper. Dass sie wohl sahen, wie man sich um ihren Körper mühte, sie konnten alles sehen und hören. Ihr Körper interessierte sie aber nicht, denn das war was anderes. Sie beschreiben es mit einer Glückseligkeit. Sie finden kein anderes Wort dafür. Sie berichten, es sei ein fantastisches Gefühl, nicht mehr im Körper zu sein. Einige waren erstaunt, trotzdem noch einen Körper zu haben, obwohl sie den anderen Körper dort liegen sahen. Manche berichten von einem Licht, das aber nicht blendet, sondern diese Glückseligkeit vermittelt.

Sie berichten, sie können durch Wände und Türen gehen. Ein Mann berichtet: Er zeigt die Stelle, wo er den Unfall hatte. Der Wagen hat sich überschlagen. Er flog raus und hatte 18 Knochenbrüche. Zwei Ärzte haben sich an der Unfallstelle um ihn bemüht, das hat ihm aber niemand erzählt, das hat er gesehen. Er stand daneben. Dann sah er sein ganzes Leben. Es fing bei dem Unfall an und ging dann immer weiter zurück bis in seine Kindheit und sogar vor seine Geburt. Auf die Frage, ob das ein Gericht gewesen sei, sagte er: „Nein, es war niemand da, nur ich und mein Gewissen. Ich erlebte nochmals alles. Alle Gedanken, alle Gefühle, und ich wusste, was richtig und was falsch war. Als man ihn zurückholen wollte, wollte er rufen: „Menschen, lasst mich da, ICH BIN ICH, und das ist wunderbar!"

Eine Frau berichtet: Keiner stirbt allein, man wird geholt von lieben Heimgegangenen. Sie strahlen Glück und Vertrauen aus. Auf die Frage, ob sie noch Angst vor dem Tod hat, sagte sie: „Im Gegenteil, ich glaube, das ist das fantastischste Erlebnis im Leben, es ist eine Neugeburt!"

Diese Sendung lief am 24.10.1977 im 1. Programm um 15.20 Uhr in der Reihe „Schaukelstuhl". Ich schrieb gerade an diesem Bericht und hatte für meine Tante das Fernsehen eingeschaltet. Als das kam, hörte ich zu. Am meisten von allem hat mich das ICH BIN beeindruckt.

Vieles hiervon erleben wir Freunde, die wir seine Lehre beachten, bereits in diesem Erdenleben. Ich bin in Gott, und Gott ist in mir. Das führt zu einem Gefühl in diesem Leben, das auch nur mit dem Wort „Glückseligkeit" beschrieben werden kann. Das ICH BIN ist das Wissen um das Leben, um Gott, denn er ist das Leben. Ich bin gern hier, und ich gehe auch gern fort, wenn meine Zeit da ist. Vorher kann keiner gehen, außer dem Selbstmörder.

Bruno Gröning hat uns gesagt: „Keiner geht früher, bis seine Stunde da ist. Alles, was der Mensch tun kann, ist, seinen Körper abbauen (=durch die Sündhaftigkeit krank machen)."

Wie gerne würden wir diesen Menschen helfen. Meistens werden sie von höheren Mächten zu uns Freunden geführt, aber sie erkennen es nicht. Sie sagen: „Wegen dem bin ich gekommen, und nun hat es keinen Sinn mehr." Das ist nicht richtig. Wir wissen das. Es gab auch welche, die trotzdem kamen, vielleicht am Anfang, um sich abzulenken, und dann erkannten sie: „Ich erhalte da ja Hilfe, ich bekomme Kraft, um das zu ertragen und überwinden zu können."

Jeder Mensch hat seinen freien Willen, und man darf ihm nur helfen, wenn er Hilfe will. Manchmal möchte man schon rufen: „Erkennst du denn nicht, dass er dir den Weg wies, nicht er braucht Hilfe, ihm geht es gut, lass du dir doch helfen, du bist hilflos und allein in deinem Schmerz. Hier findest du Kraft, Ruhe und Zufriedenheit und wieder Glück, auch wenn du es heute noch nicht glauben kannst. Das Leben ist schön. Liebe es! Es ist ein Schatz, den du in deiner Brust trägst. Sei dankbar dafür. Hüte diesen Schatz, und baue nicht ab durch Leid und Sorge, mit der du doch nichts änderst, die dich nur elend und krank macht. Du überschaust ja nicht das Ganze, sondern nur einen Teil des Lebens. Vertraue Gott, und glaube, dass er alles richtig macht! Füge dich, und sei froh, du bist doch so reich. Erkenne deinen Reichtum, und sehe nicht nur deinen Verlust. Lerne wieder, dich am Leben zu freuen."

Es gibt da ein Lied, indem es heißt: „Was Gott tut, das ist wohlgetan, es bleibt gerecht sein Wille. Wie er fängt meine Sache an, will ich ihm halten stille. Er ist mein Hirt, der sich nicht irrt.

Der wohl weiß zu gestalten, drum lasse ich ihn walten."

Sehen Sie sich doch hier in dieser Welt um: Wenn ein Kind geboren wird, dann weiß man das schon neun Monate vorher. Es gibt Menschen, die es erwarten, die alles richten für seinen Empfang. Wenn ich das so beobachte und sehe, wie Gott alles so „wohl gestaltet" für diese neuen Erdenbürger, dann habe ich keine Angst, dann weiß ich: Wenn ich eines Tages heimgehe, dann wissen dort die auch schon lange vorher, dass ich komme und erwarten mich.

Mir hat immer viel Segen gebracht, dass ich mich an das Gebot hielt: „Du sollst dir kein Bildnis machen!"

Bruno Gröning ist wohl heimgegangen am 26.Januar 1959, aber er ist hier und überall zugleich. Rufe ihn, er hilft auch dir! Empfange den göttlichen Heilstrom! Bitte Gott um Erkenntnis und Weisheit, und du wirst alles erhalten. Liebe dieses dein dir von Gott geschenktes Leben richtig und ordentlich, damit du Freude hier an diesem Leben hast und eines Tages auch mit frohem Herzen heimgehen kannst. Dies ist mein Wunsch für dich und auch für mich. (Anneliese Bollack, Mannheim)

Die von mir erlebten Ereignisse vom 26.1.1959, so wie Frau Bollack berichtet hat, sind richtig. (Doris Puchalka, Hemsbach)

Nachwort des Herausgebers

40 Jahre nach der Erstauflage dieses Buches vollzieht sich abermals eine Wende unter uns Freunden. Viele Freunde und Gemeinschaftsleiter sind heute der Ansicht oder erfühlen es sogar, dass die Gemeinschaftsstunden, wie Sie durch die ehemals übermächtige Häuslergruppe abgehalten wurden, wohl doch nicht dem Willen Grönings entsprechen. Viele haben damit begonnen, nach der Wahrheit zu suchen und finden in diesem Werk entsprechende Informationen um zum wahren Kern der Stunde und der Lehre vorzudringen. Als wesentlich wird dabei stets erkannt, dass sich der Belastete zum Guten ändern muss (Gröning sprach hier noch von der Großen Umkehr, was heute aber kaum noch verstanden wird, da sich Sprache und Ausdrucksweise in den vergangenen 100 Jahren deutlich verändert hat.) und sich die Besucher der Gemeinschaftsstunden, als Mensch unter Menschen, untereinander helfen, beraten und aufklären sollten, ganz so wie Anneliese Bollack es selbst erlebt hat und letztendlich zum Heil führte.

Ein oberlehrerhafter Einpeitscher, so nannte es einmal ein ehemaliger GL des Freundeskreises, sei da völlig fehl am Platze. Erst durch die bedingungslose Nächstenliebe des GL - die sich auf die ihm Anvertrauten überträgt - und der Weitergabe der tatsächlichen Lehre können wahre Erfolge eintreten und nicht nur mehr oder weniger unbedeutende Verbesserungen durch die Aufnahme der Energien. Diese können sich erst dann zum Heilstrom vereinigen wenn der Mensch seine Umkehr vollzogen hat.